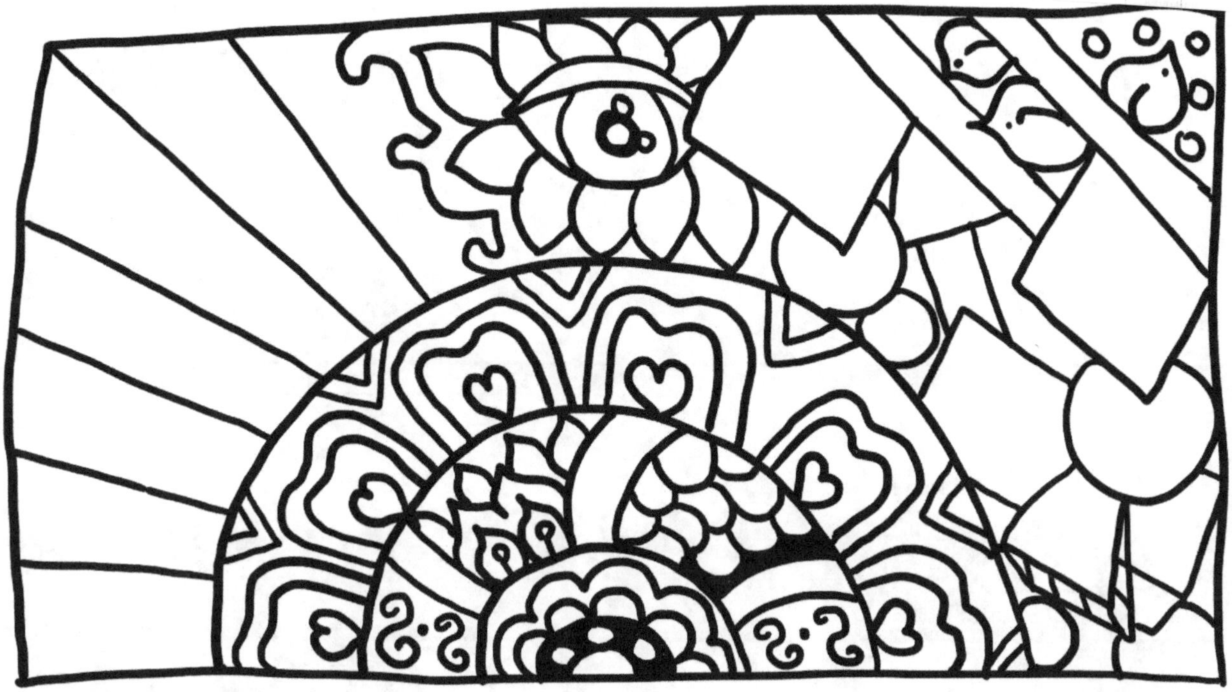

This Book Belongs to

Doodle FUN Mandalas Vol. 2

Color Test Page

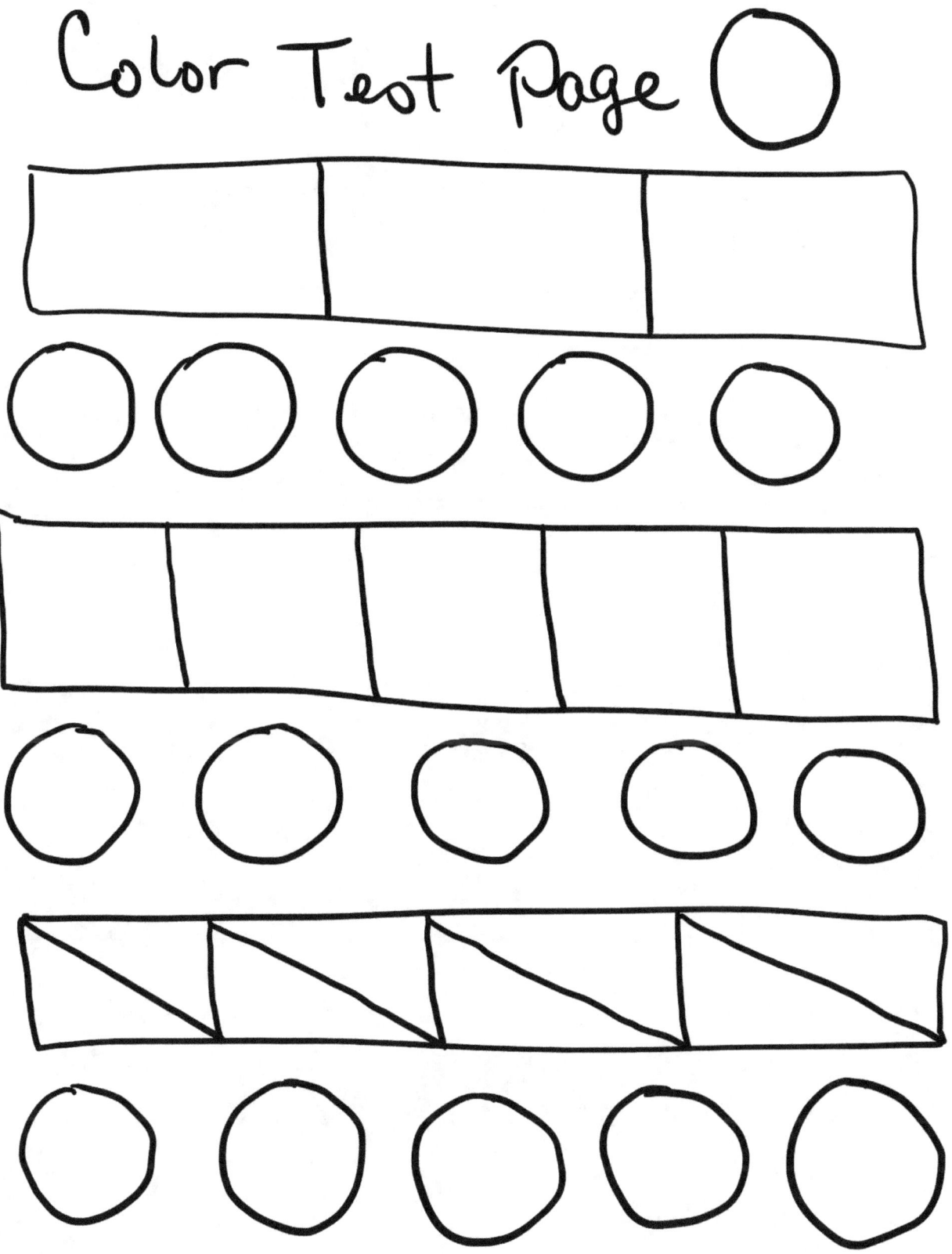

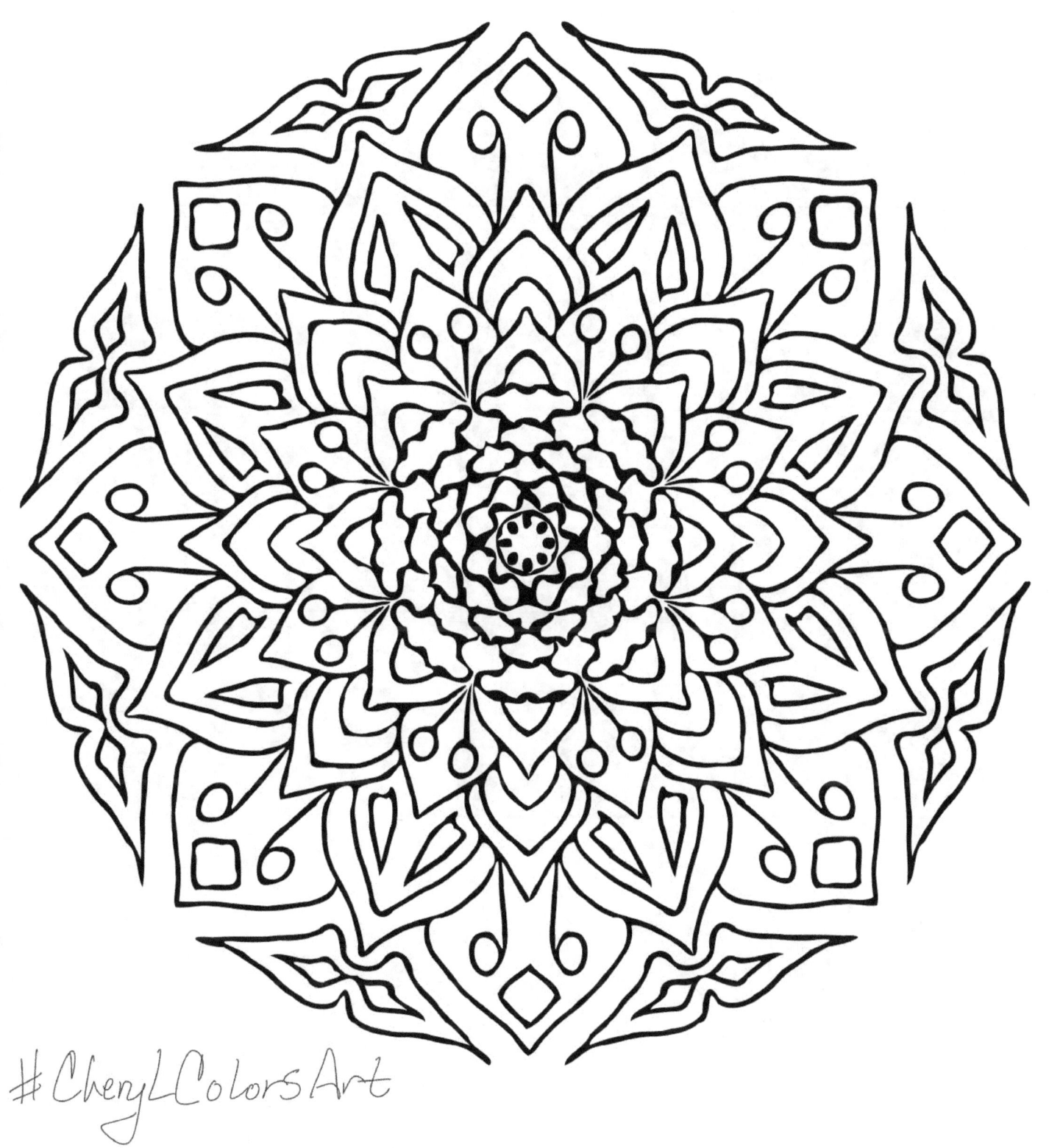

#CherylColorsArt

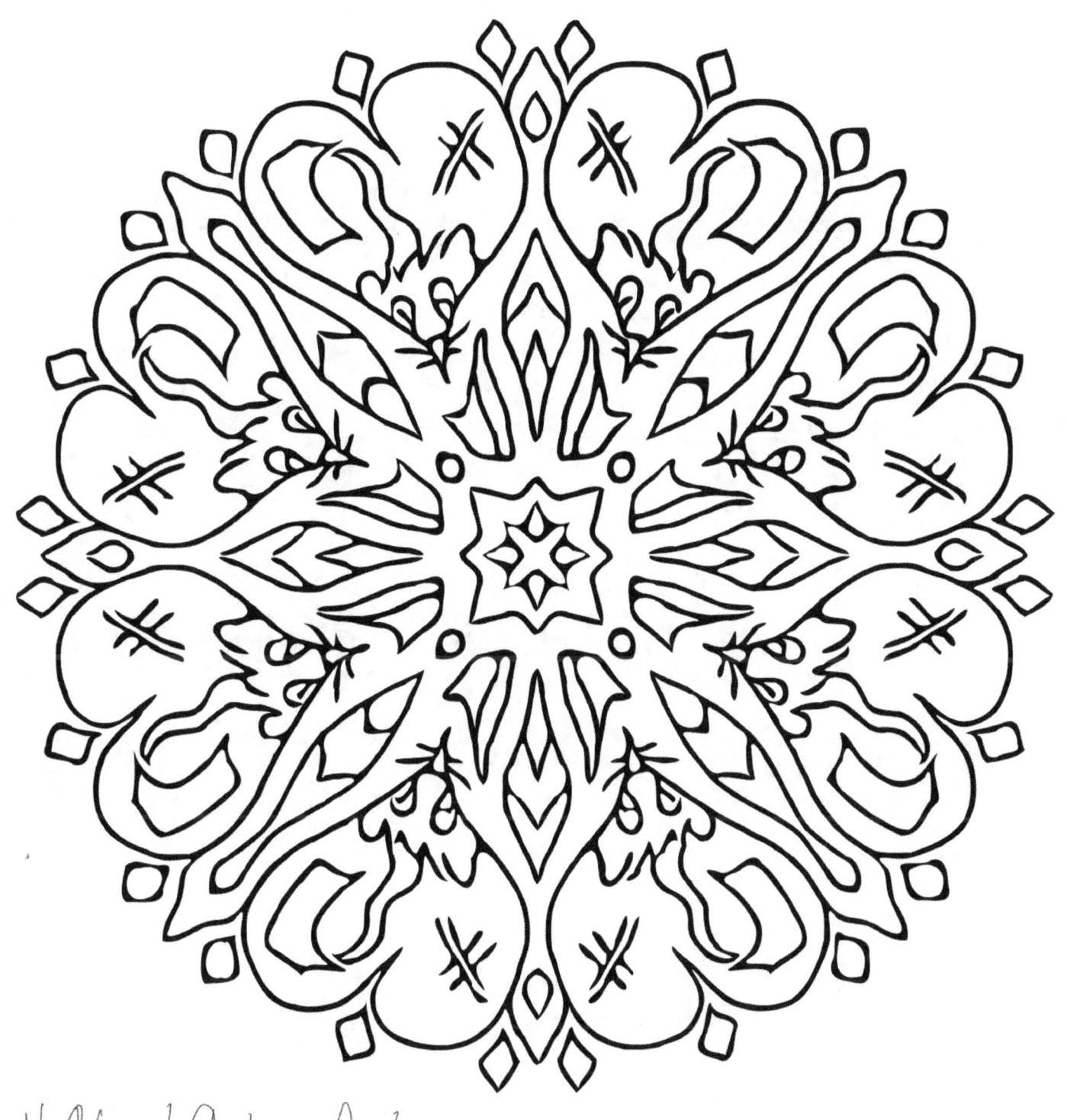

#CherylColorsArt

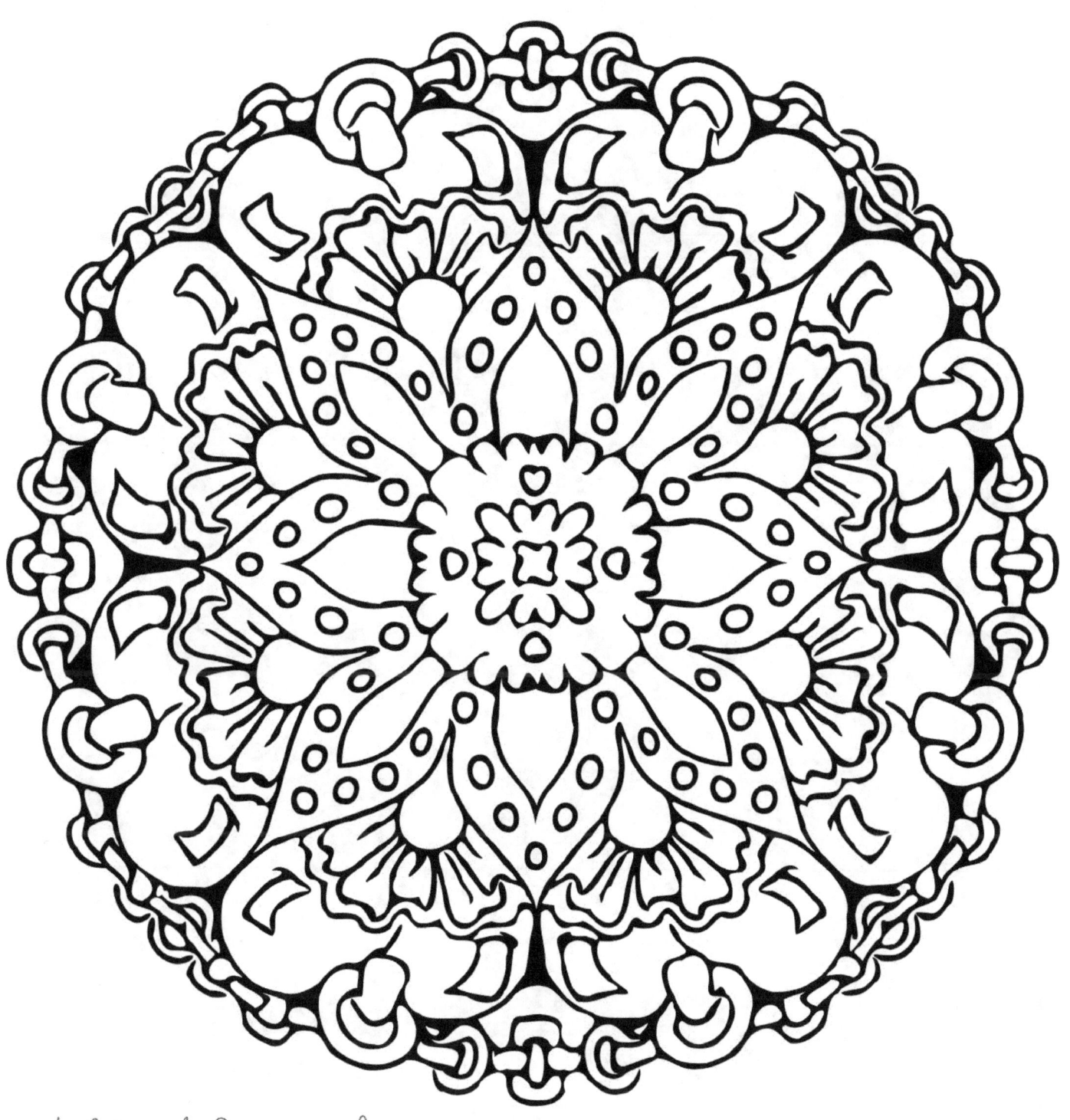

#CherylColorsArt

#CherylColorsArt

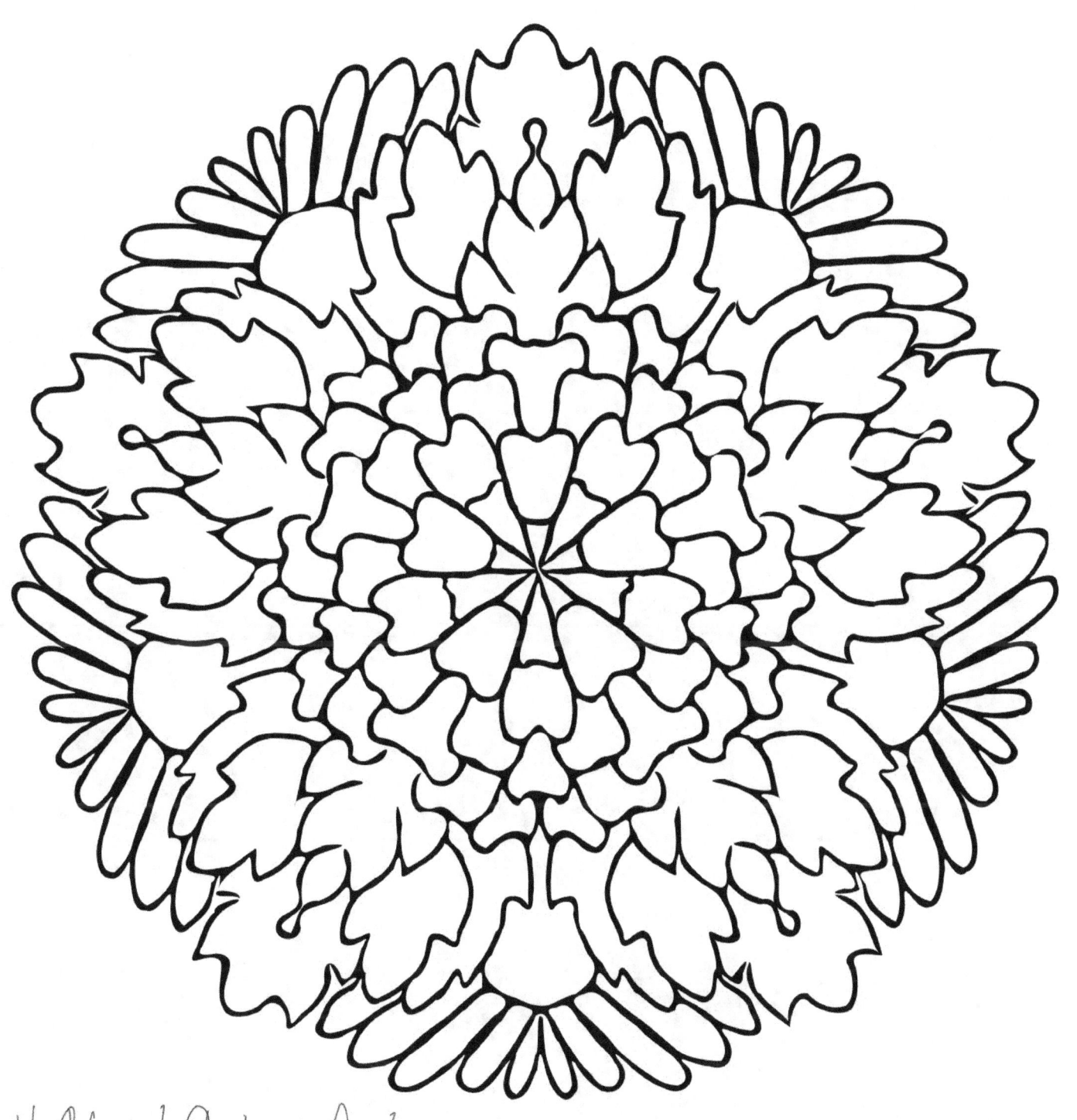

#CherylColorsArt

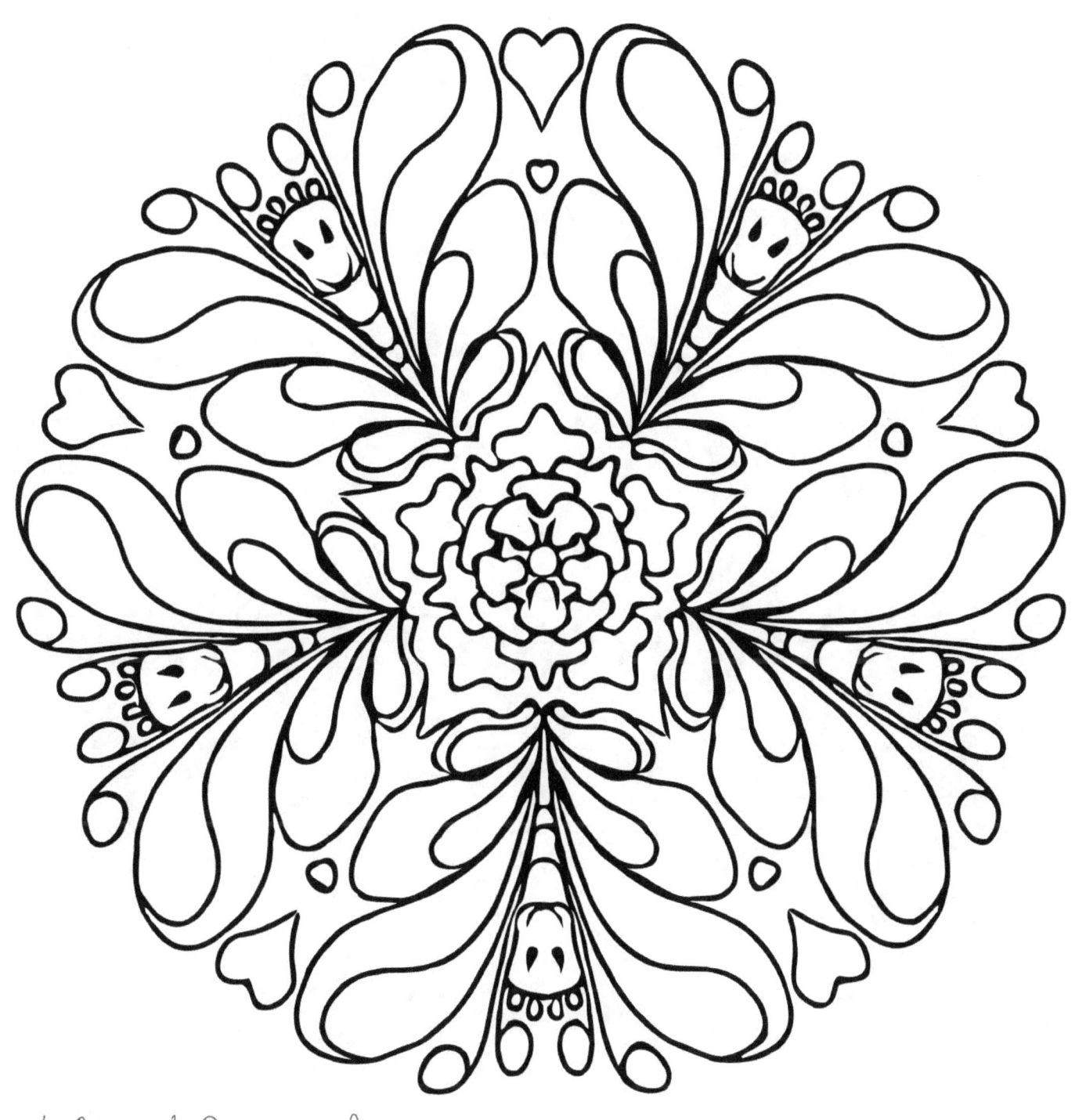

#CherylColorsArt

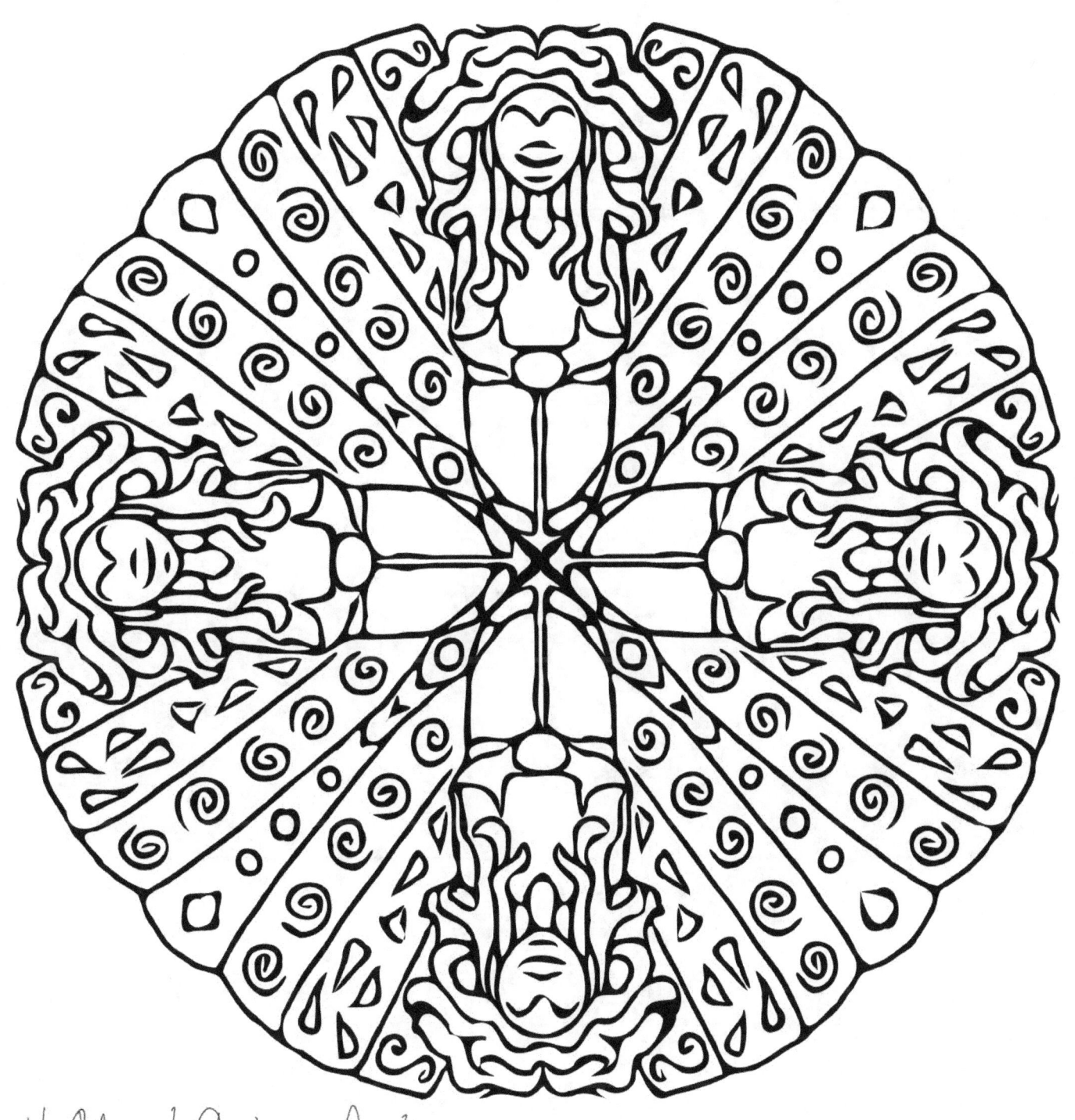

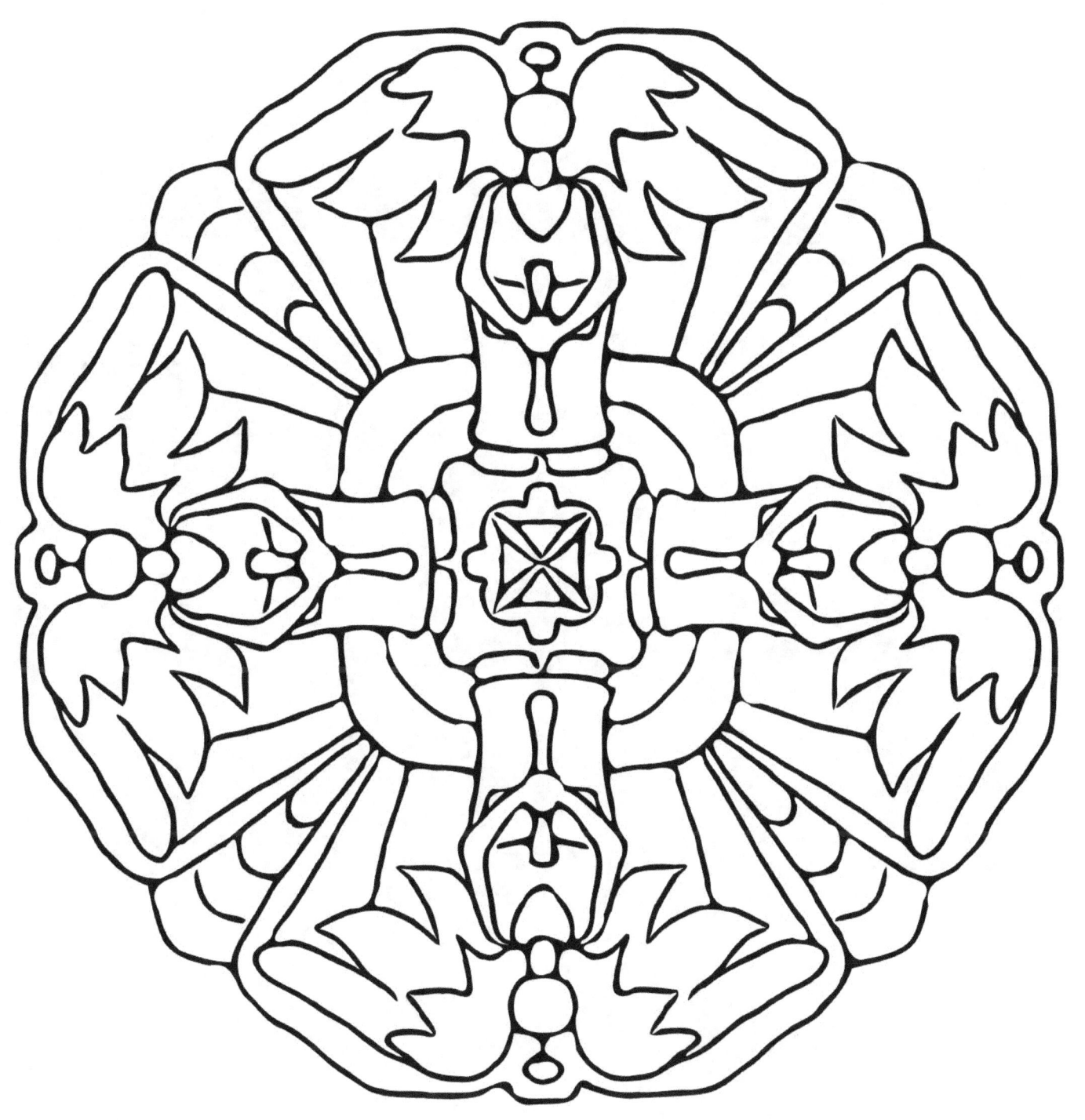

#CherylColorsArt

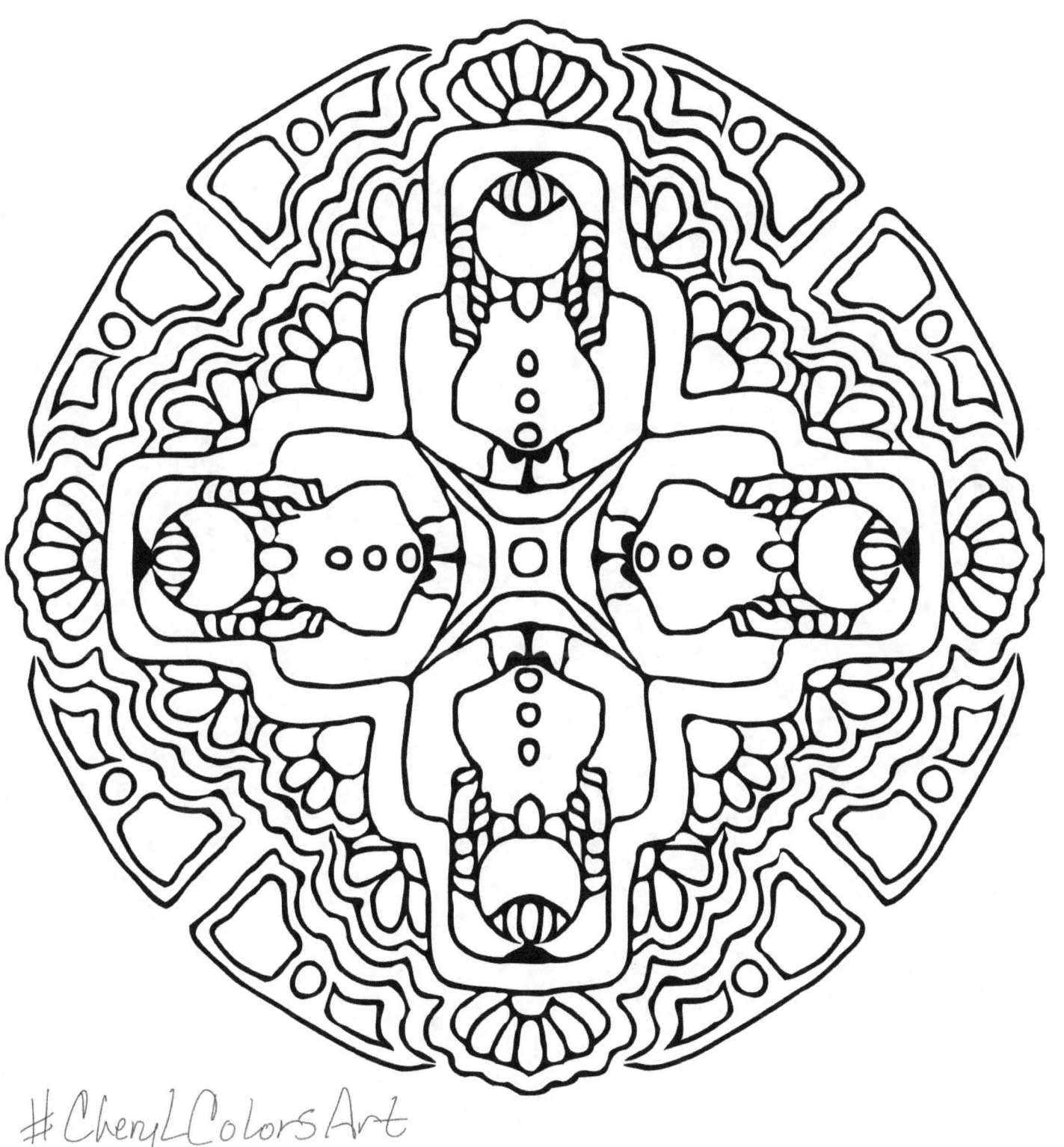

#CherylColorsArt

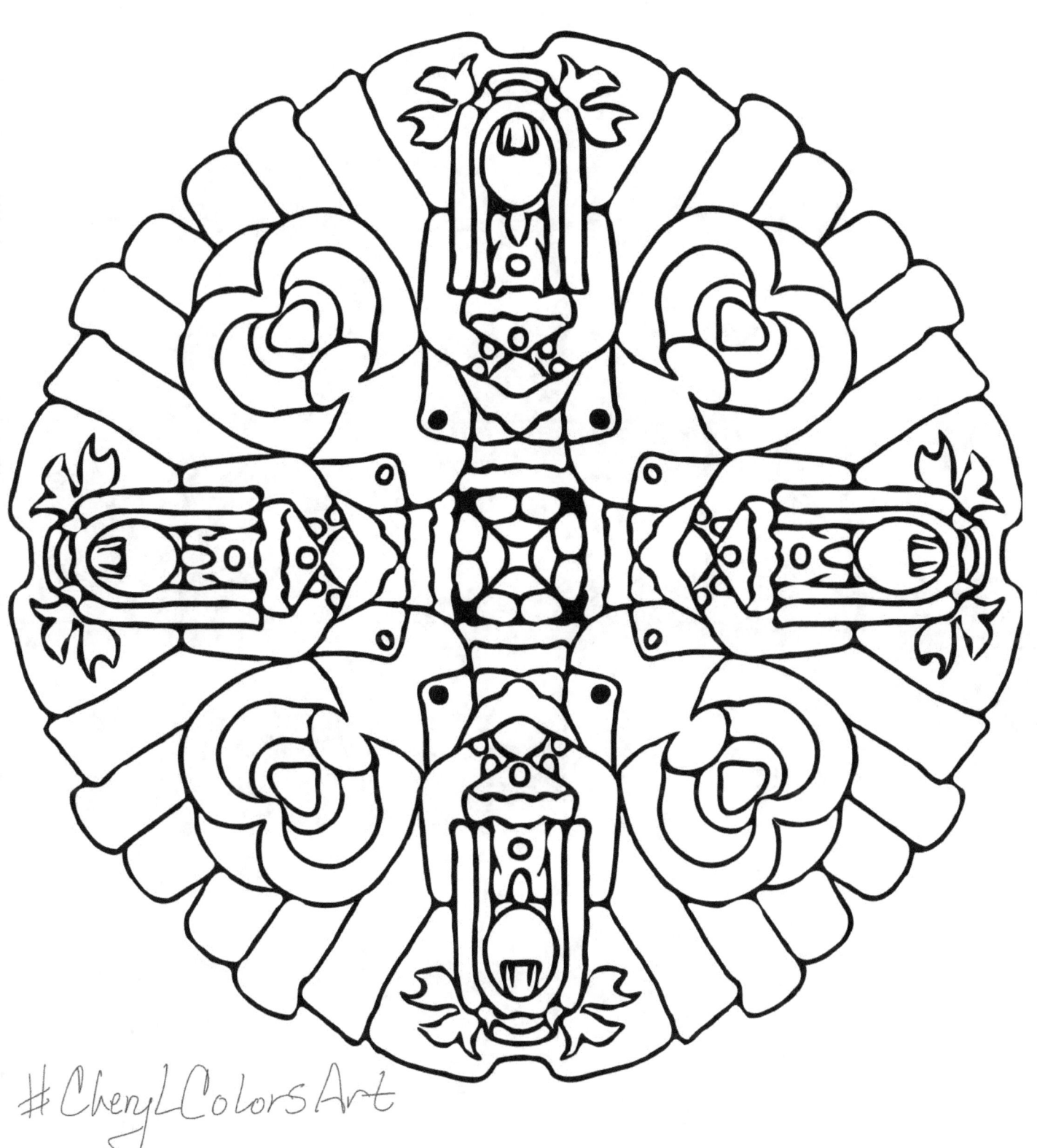

#CherylColorsArt

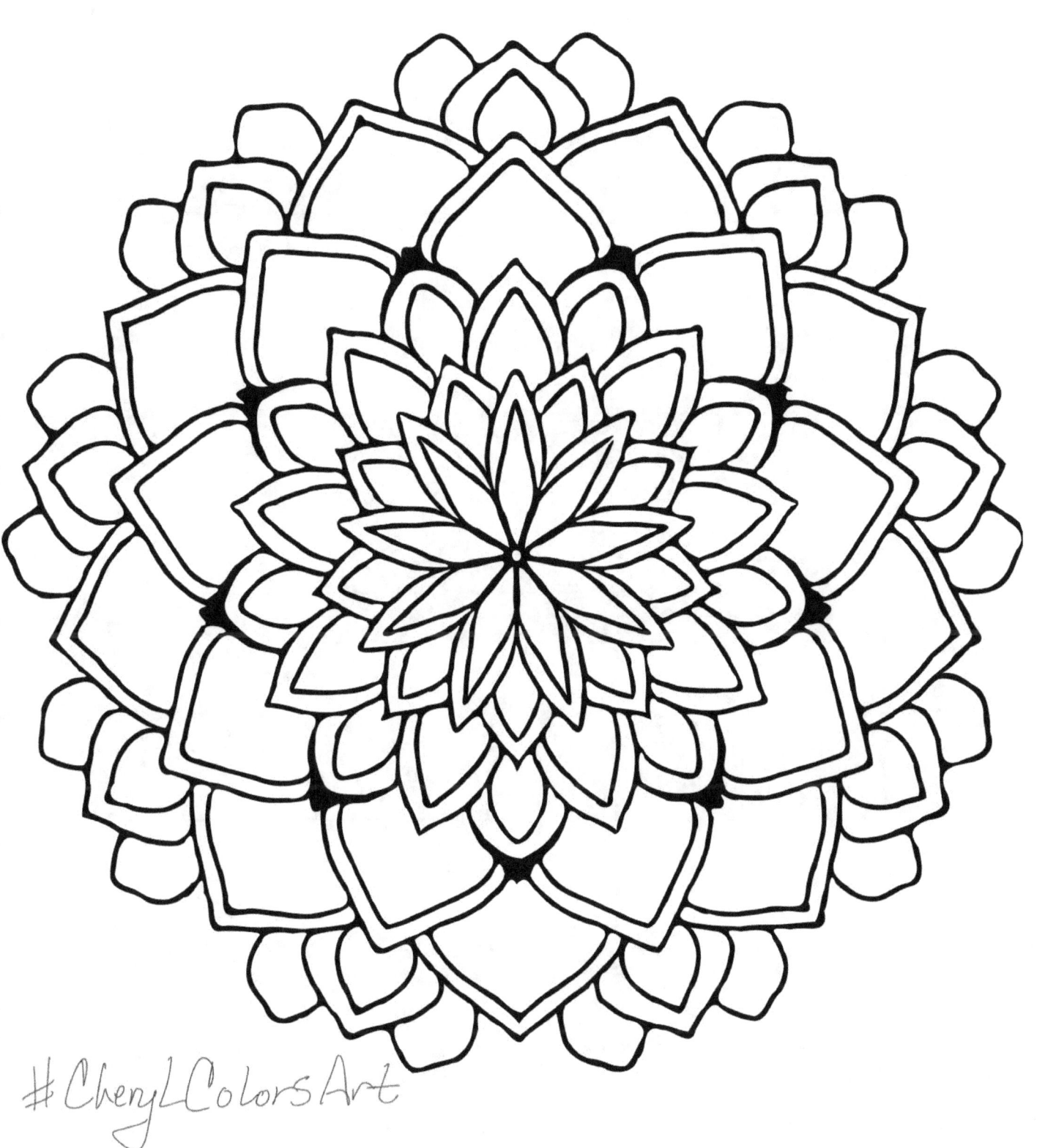

#CherylColorsArt

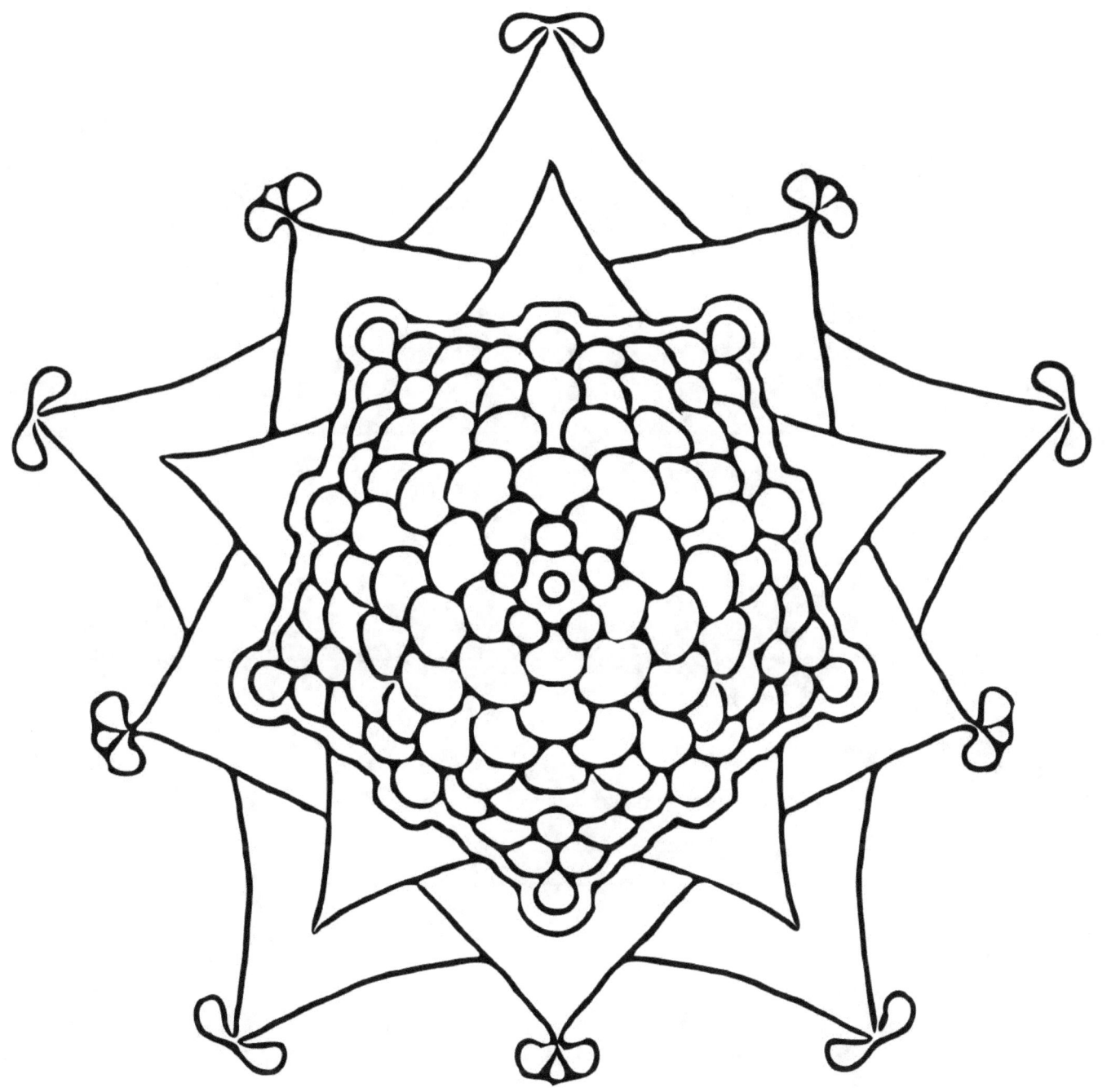

#CherylColorsArt

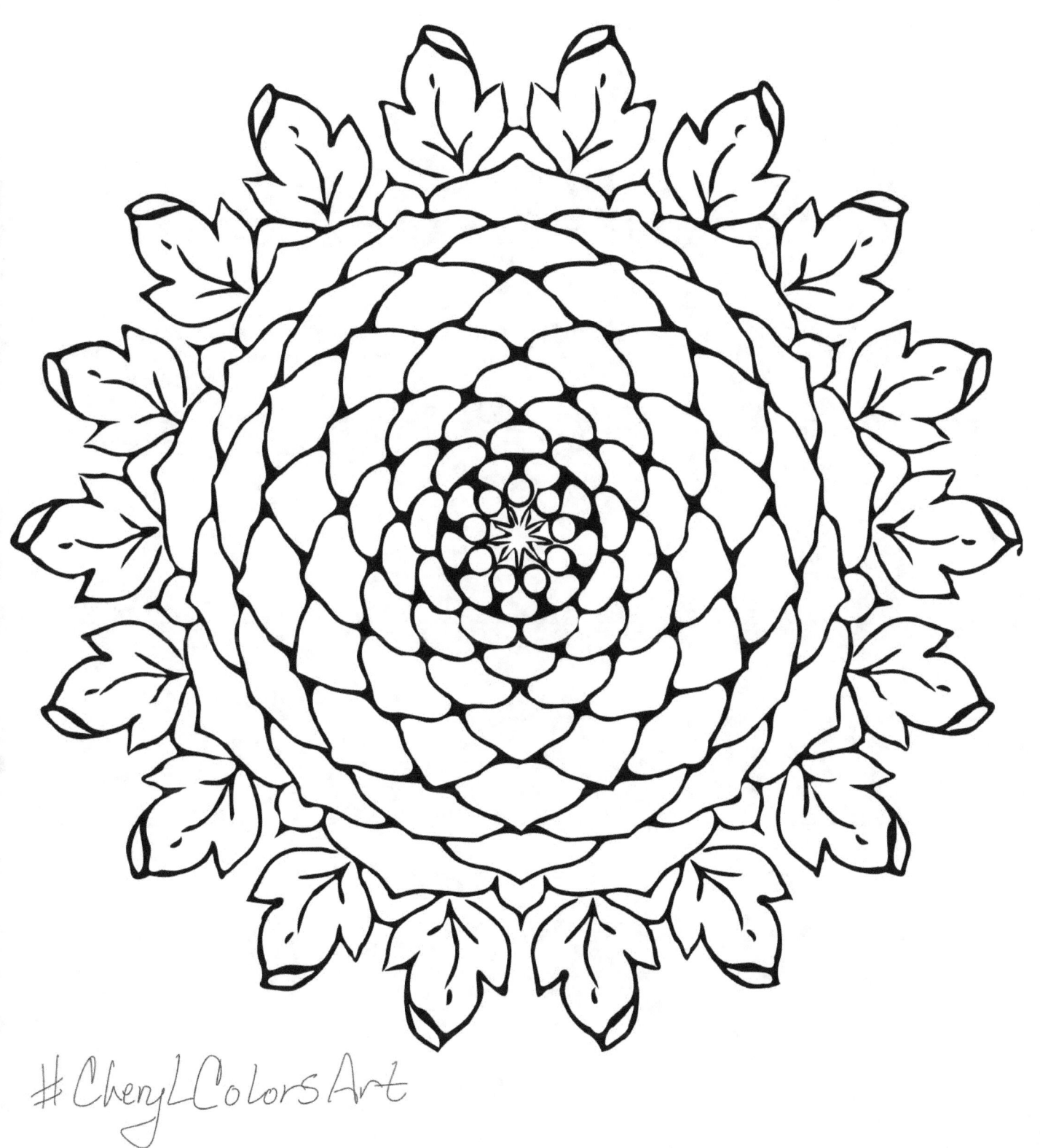

#CherylColorsArt

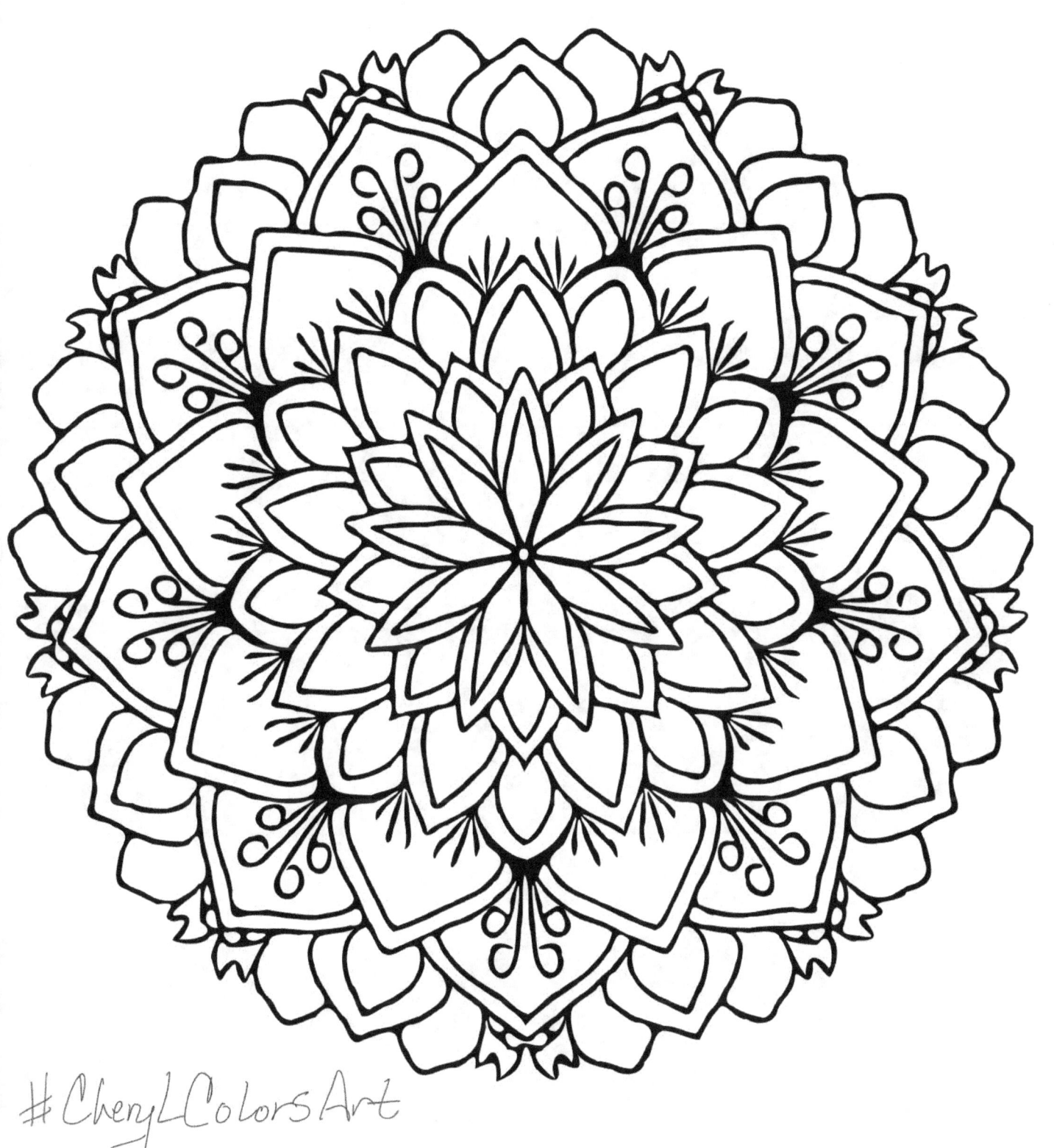

#CherylColorsArt

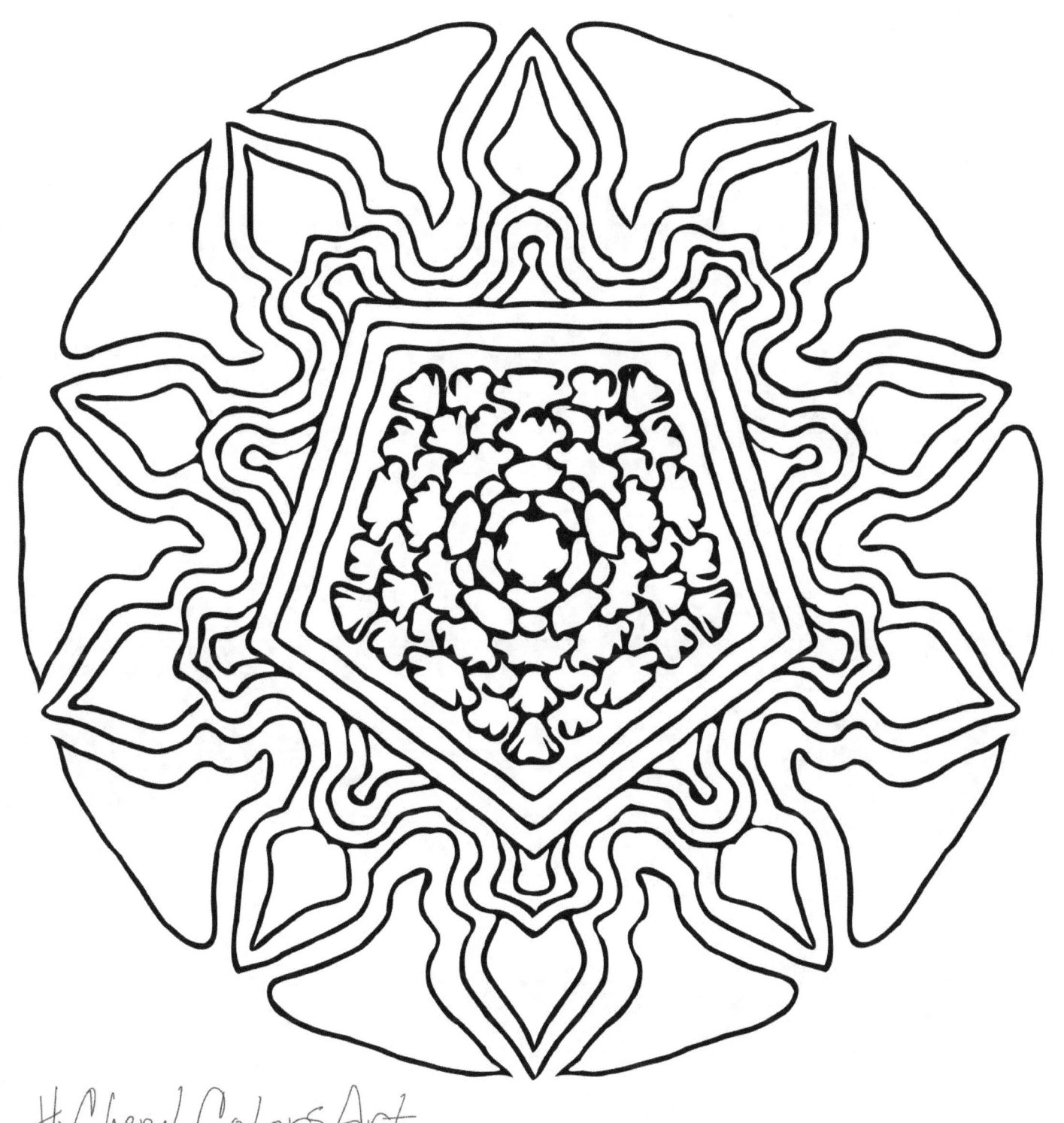

#CherylColorsArt

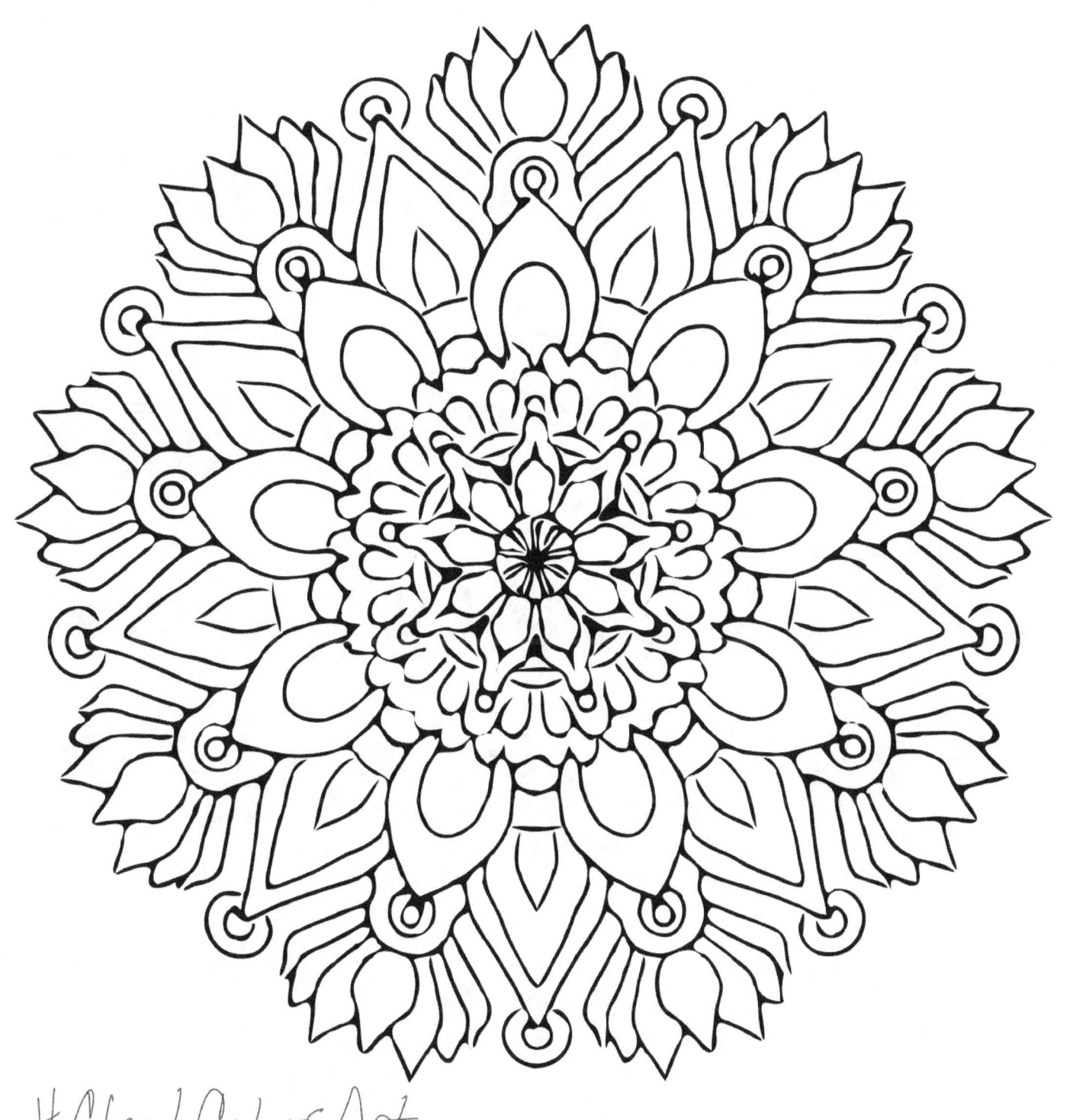

#CherylColorsArt

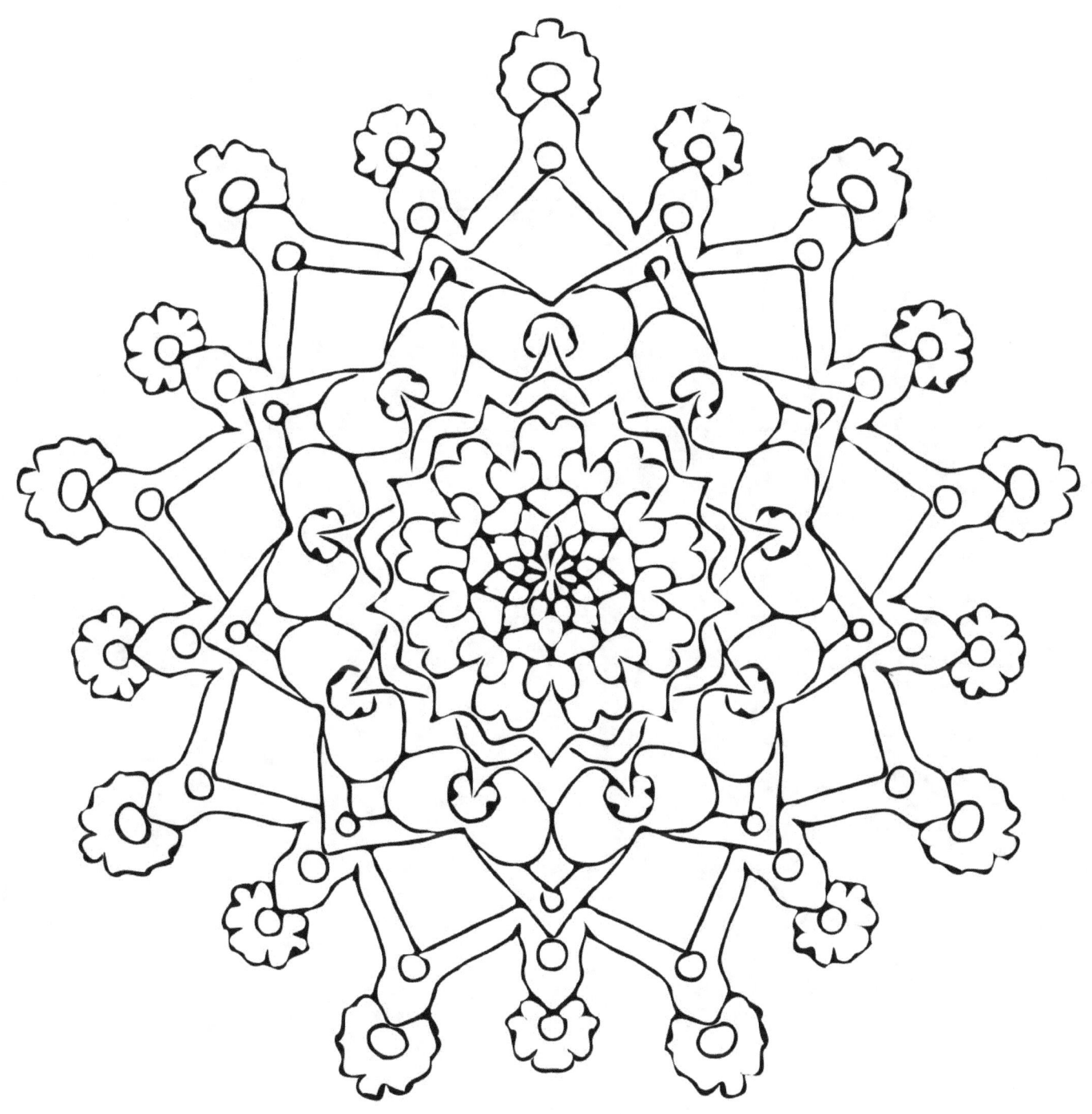

#CherylColorsArt

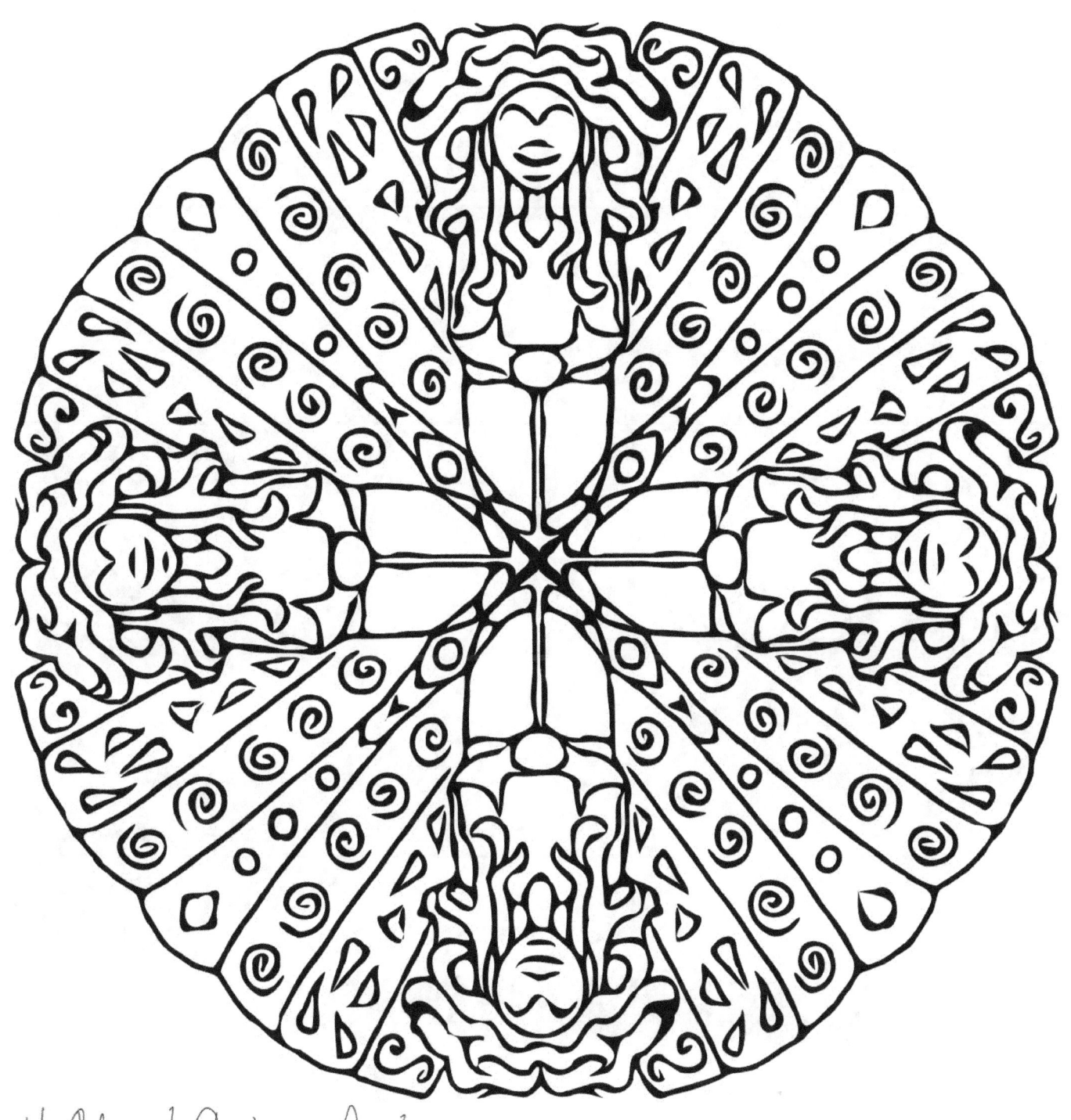

#CherylColorsArt

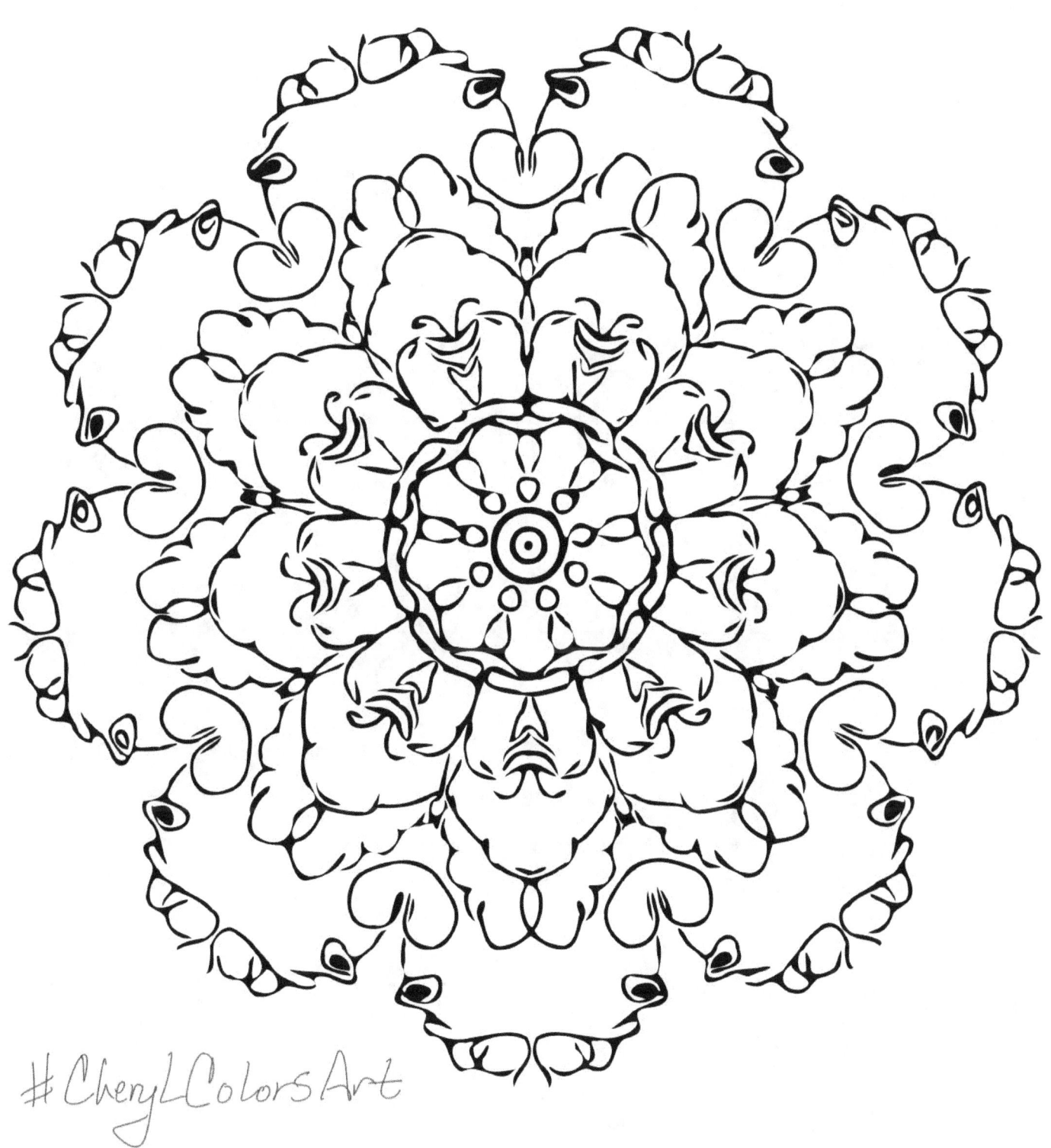

#CherylColorsArt

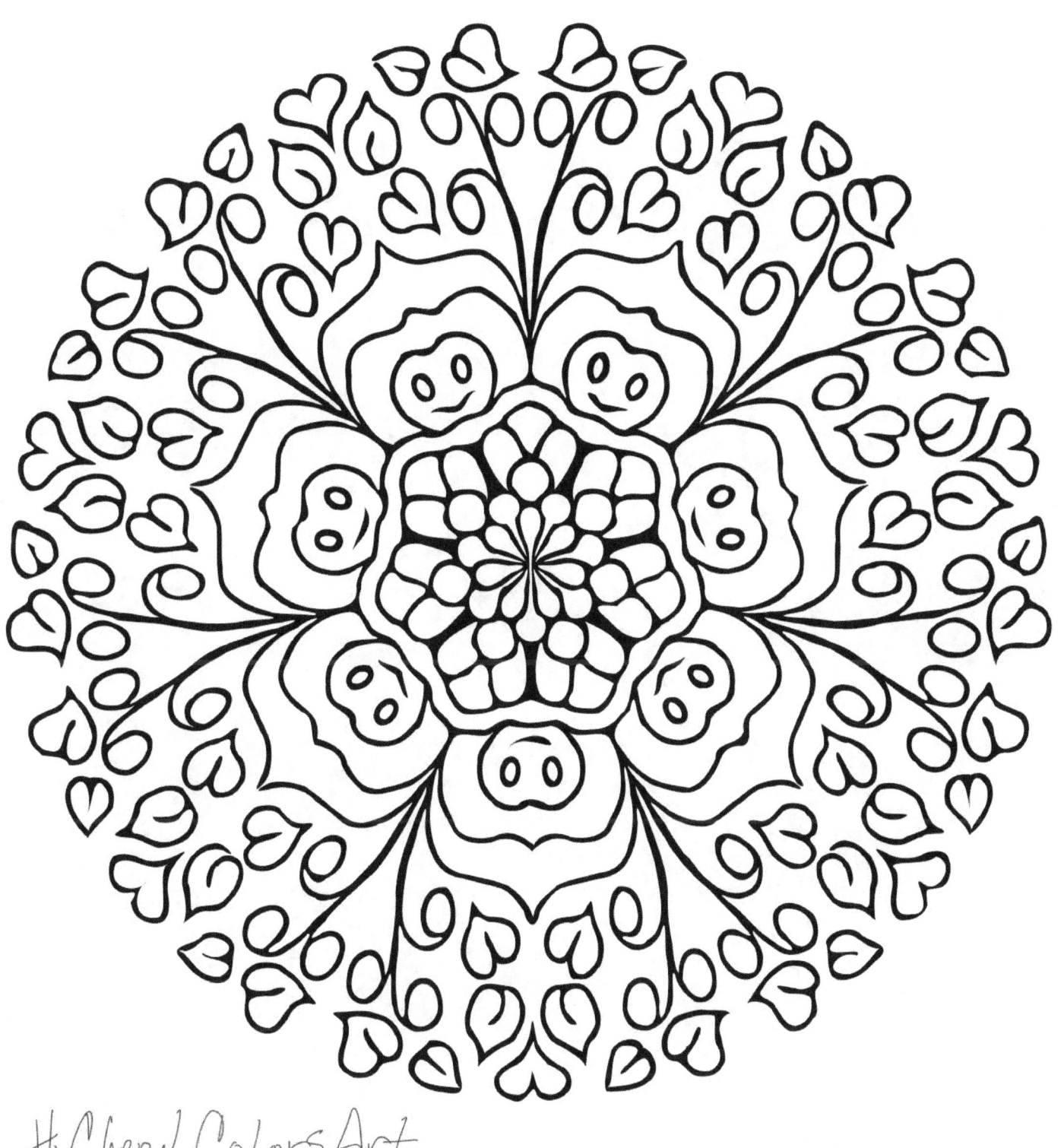

#CherylColorsArt

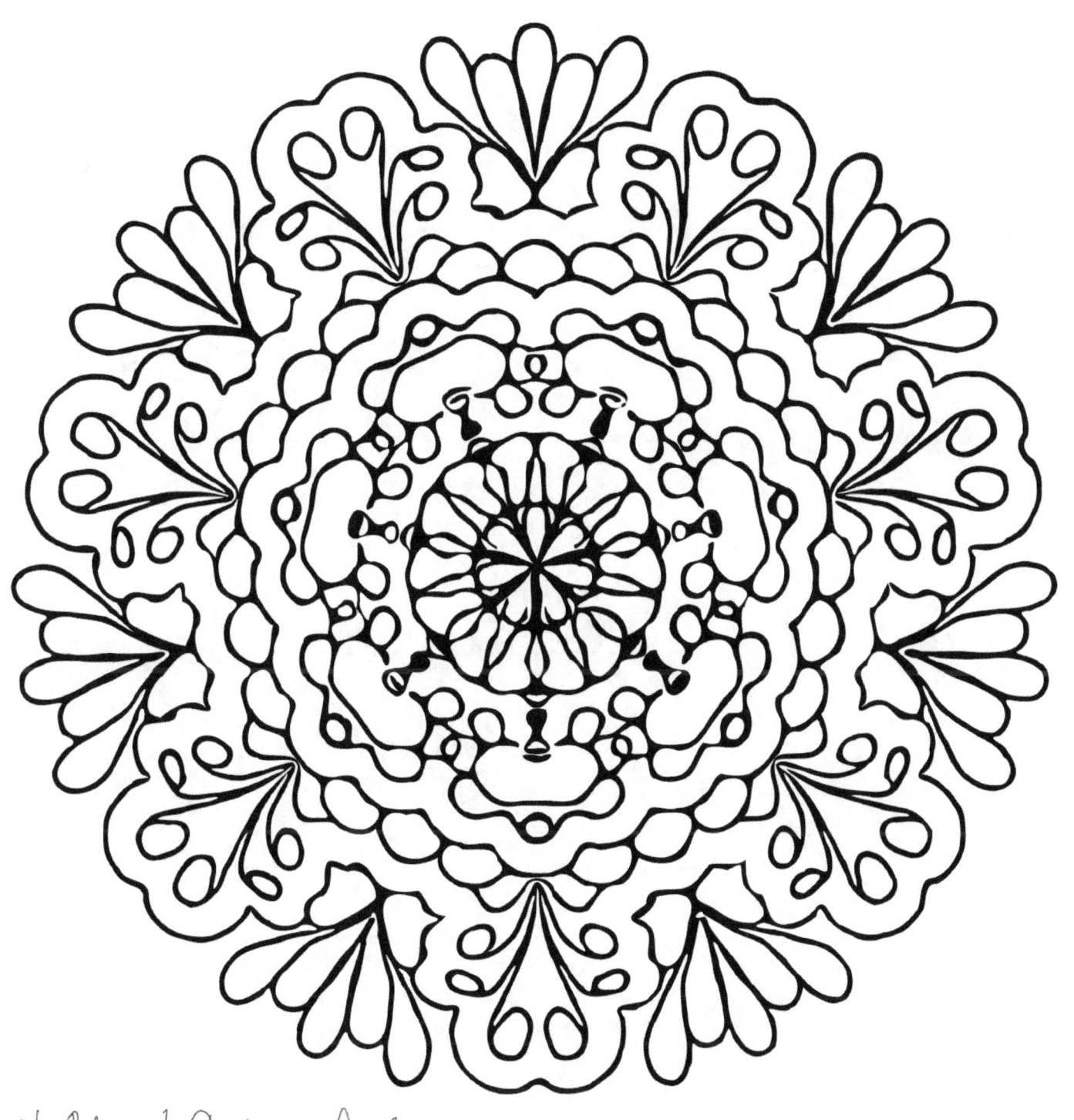

#CherylColorsArt

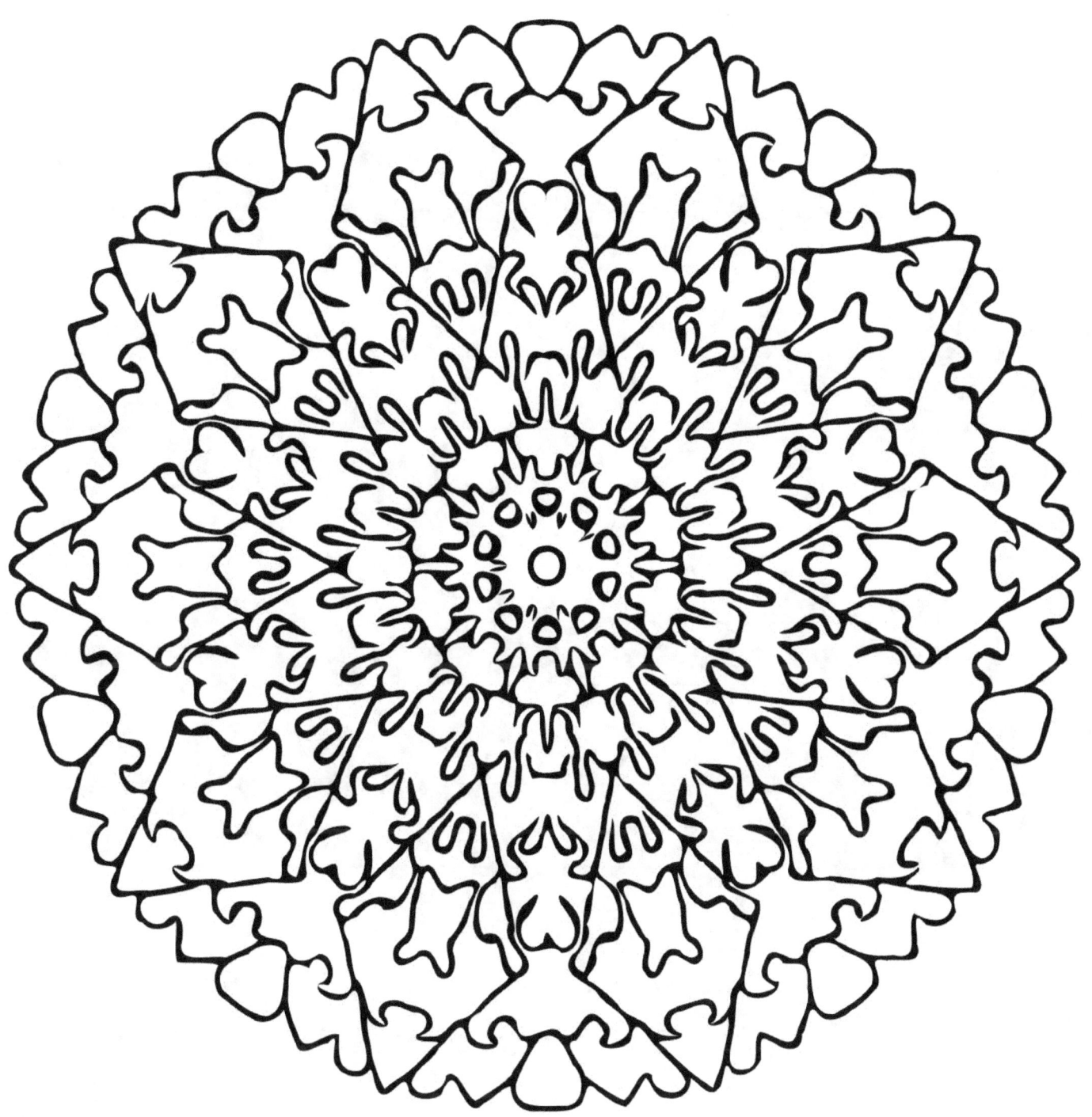

#CherylColorsArt

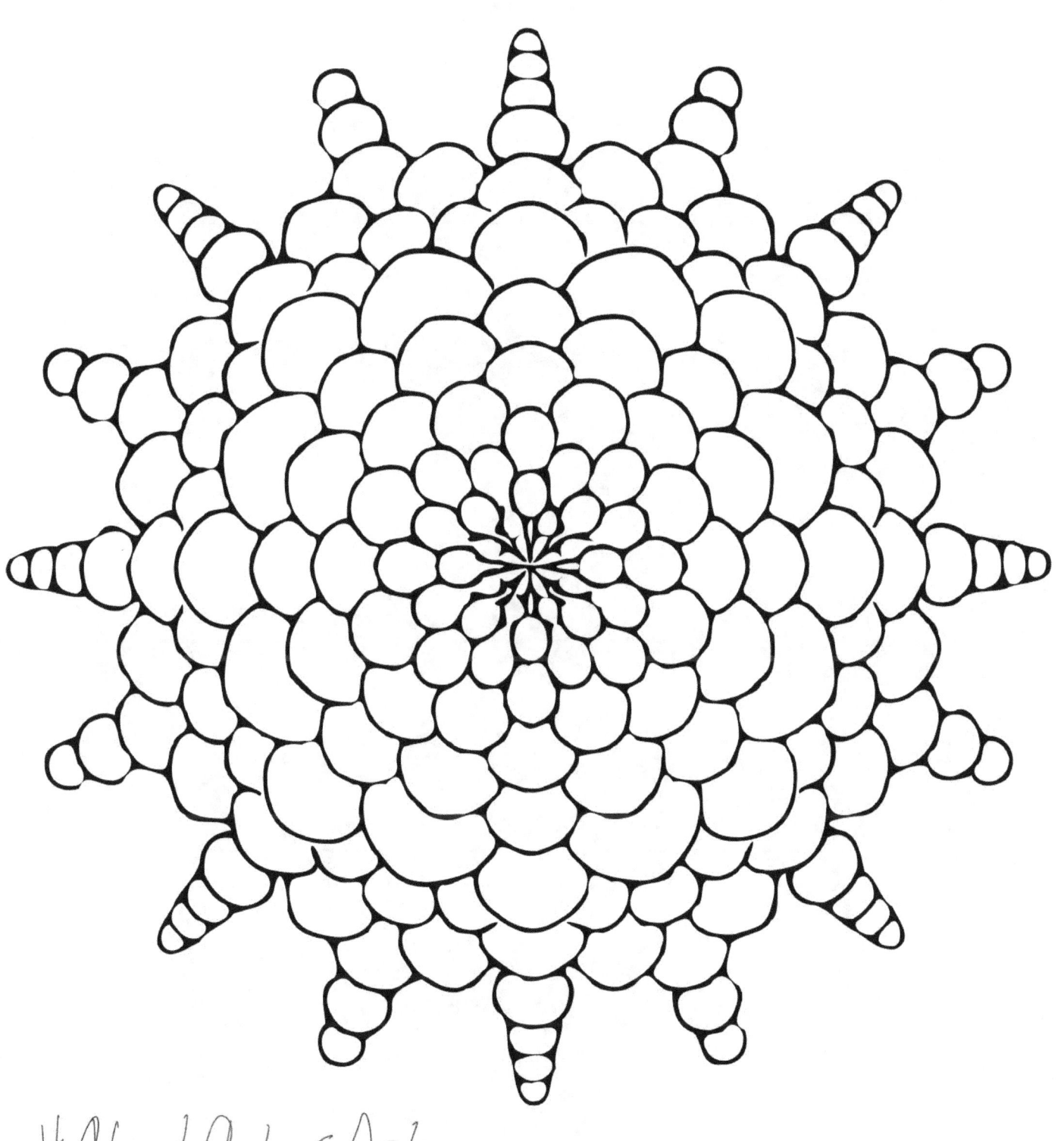

#CherylColorsArt

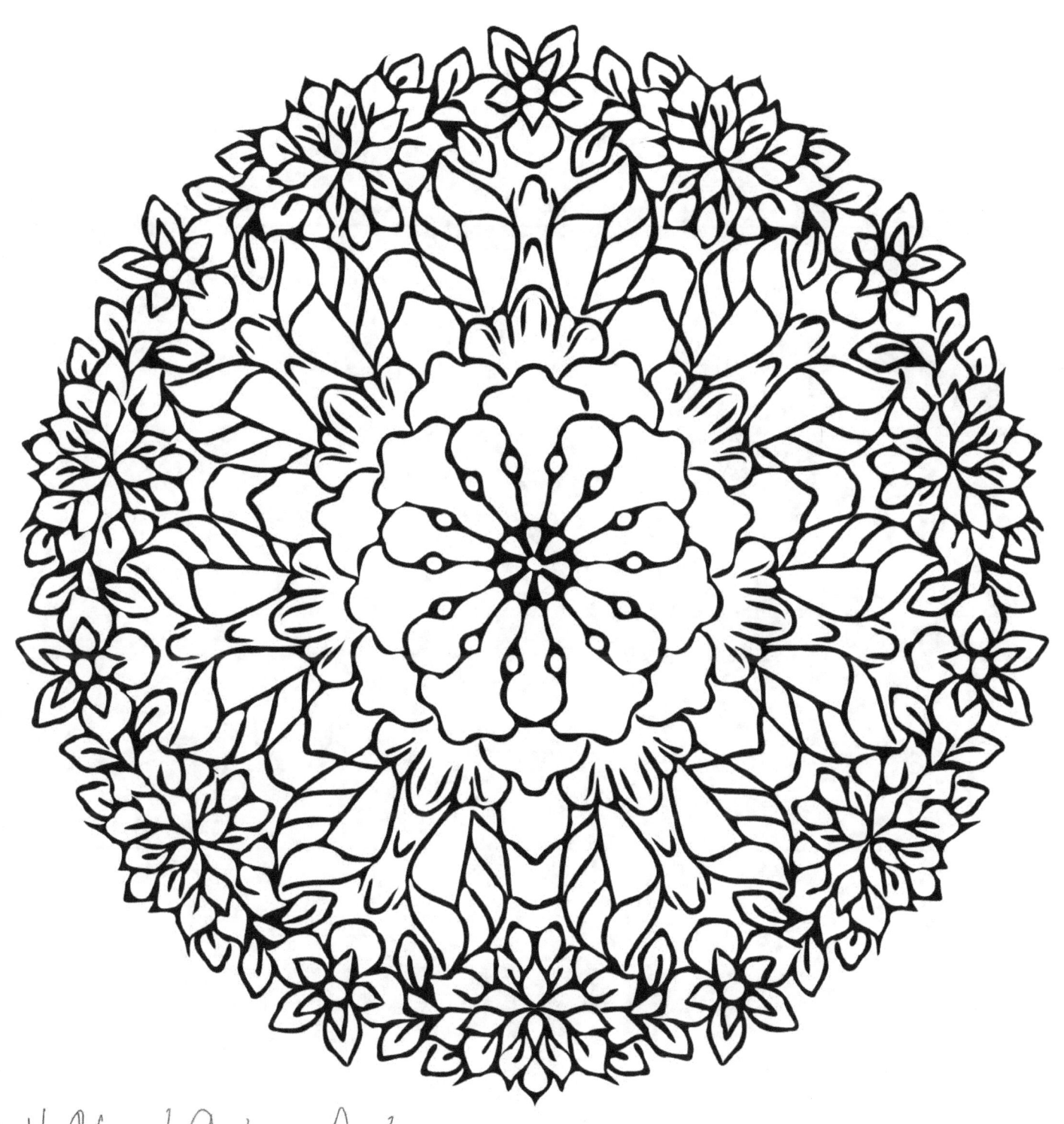

#CherylColorsArt

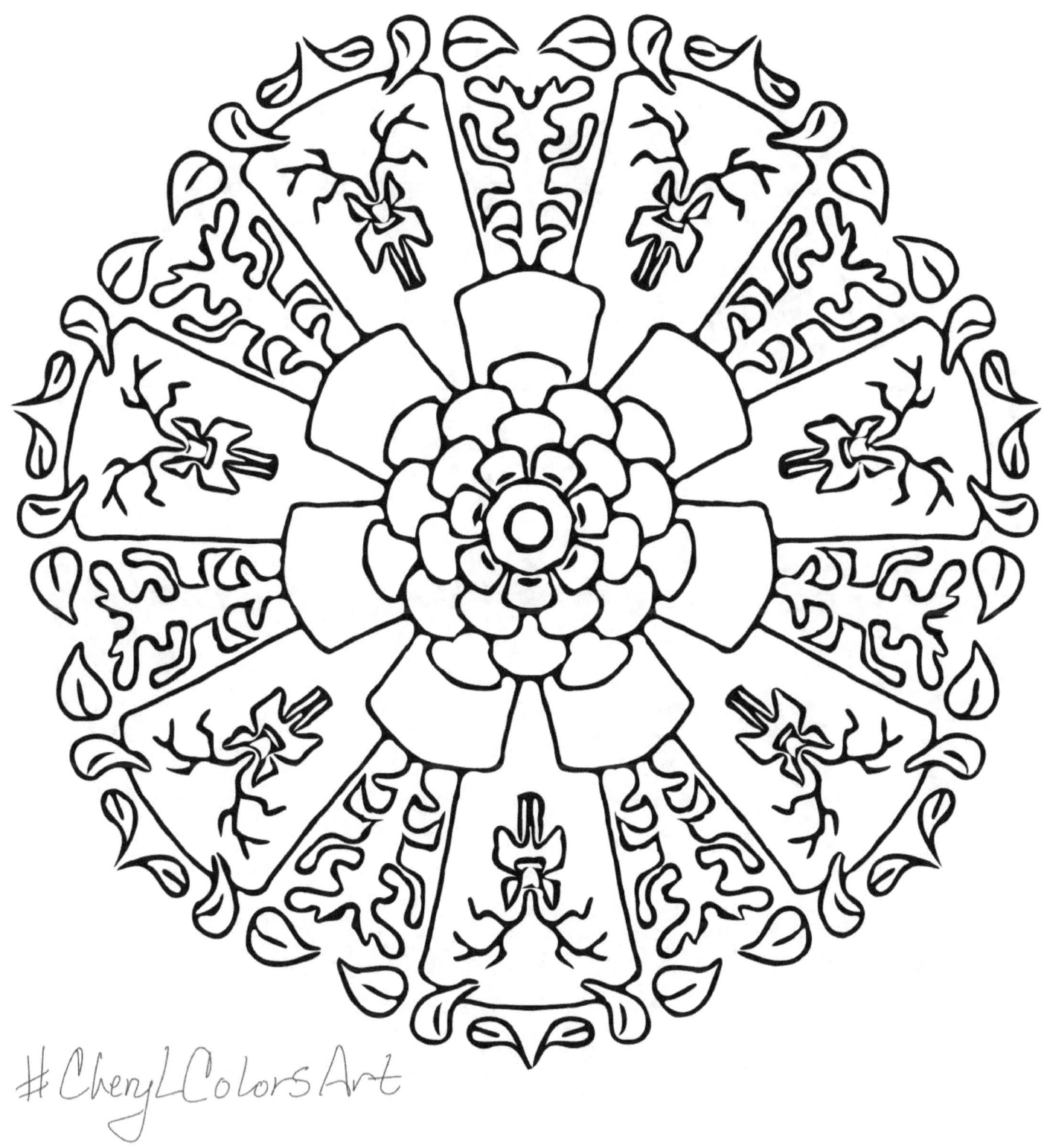

#CherylColorsArt

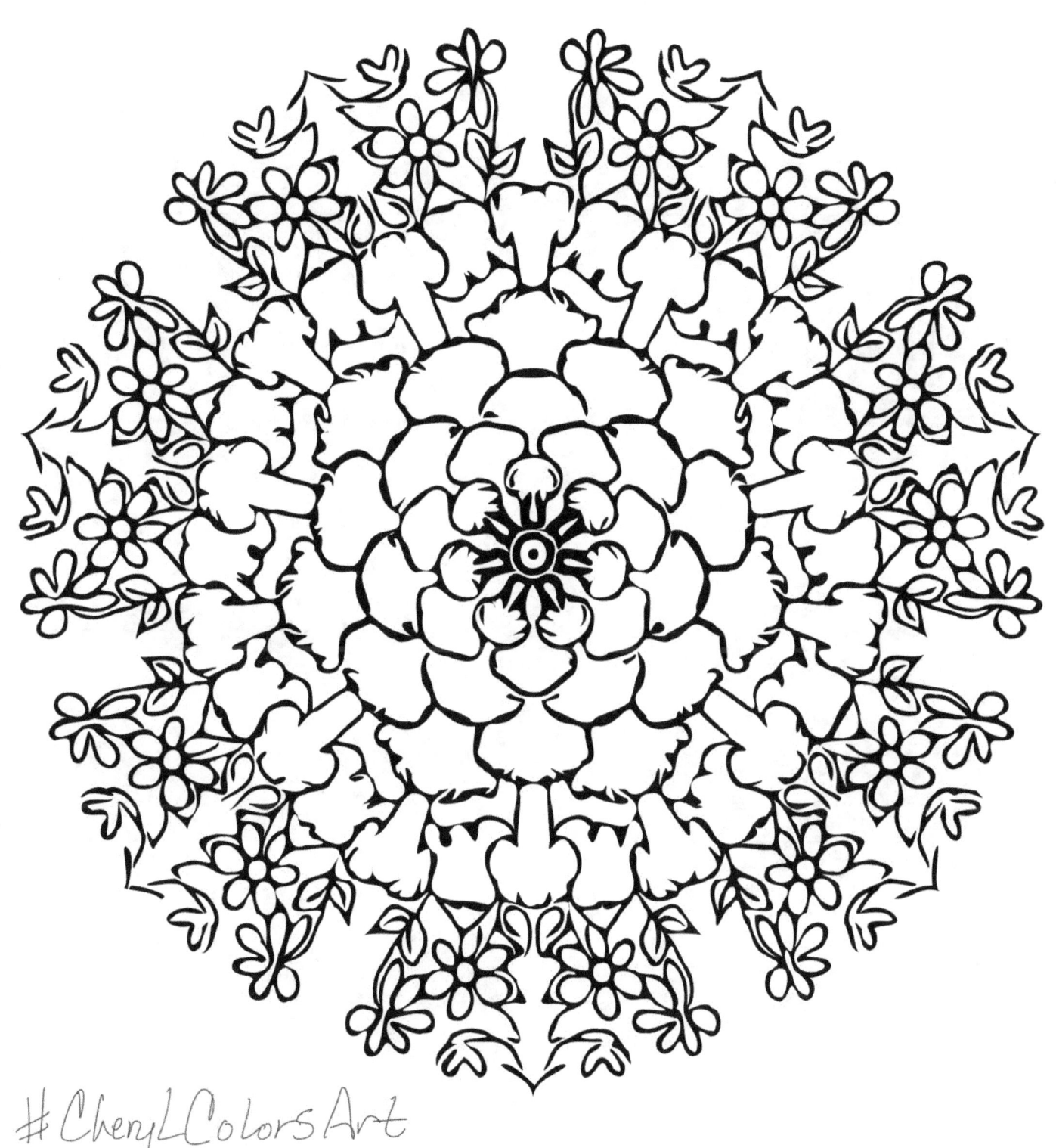

#CherylColorsArt

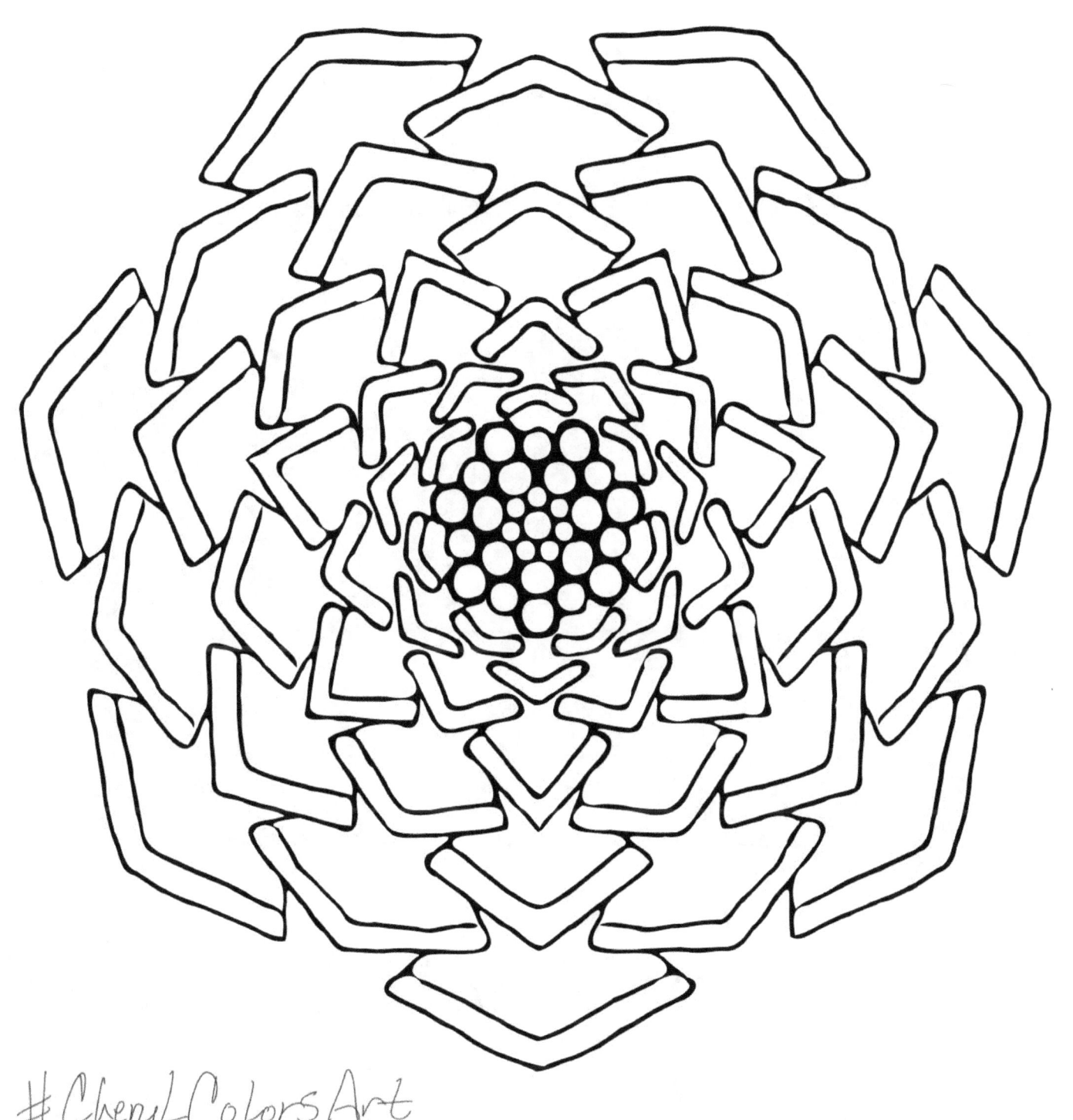

#CherylColorsArt

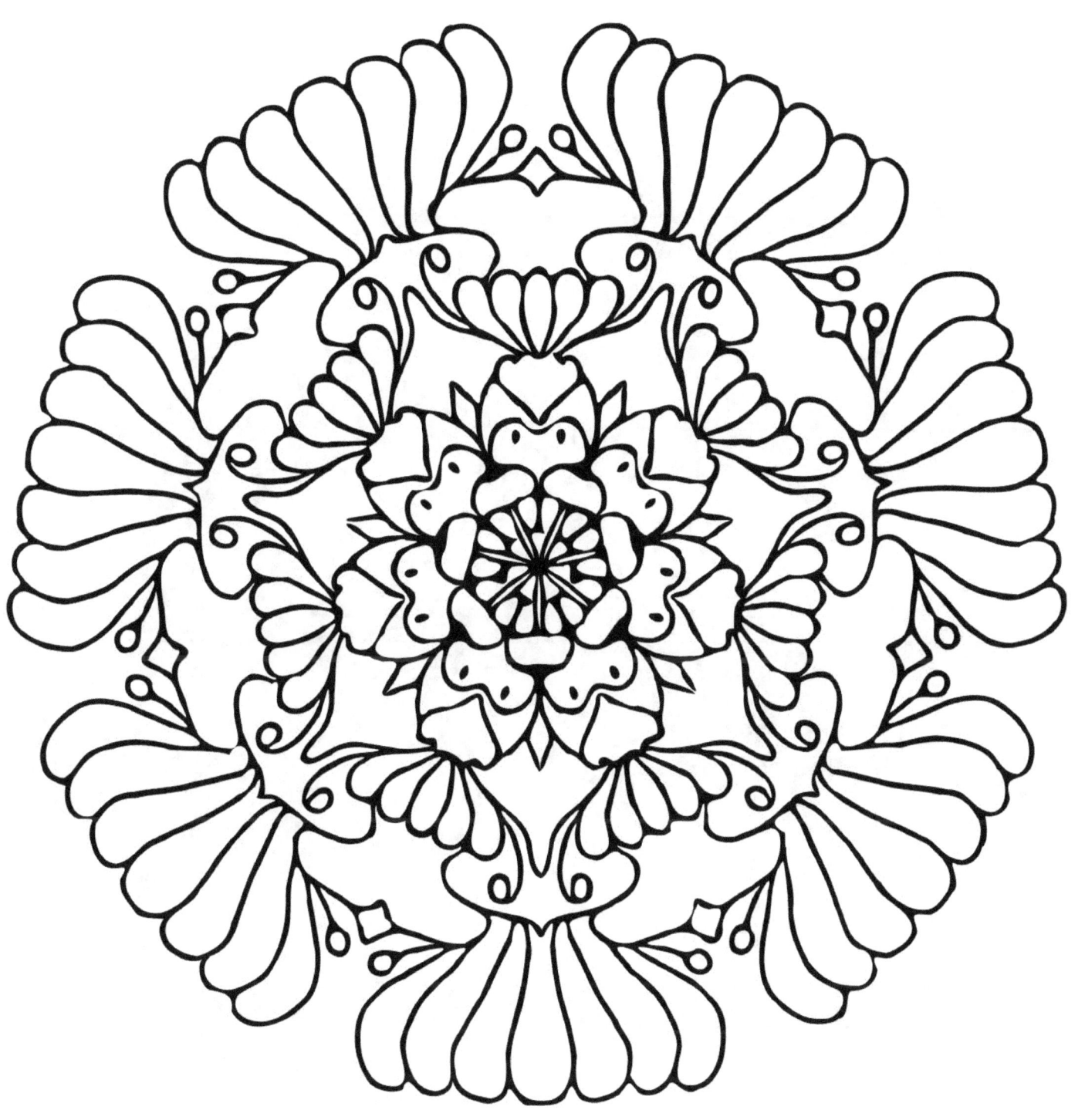

#CherylColorsArt

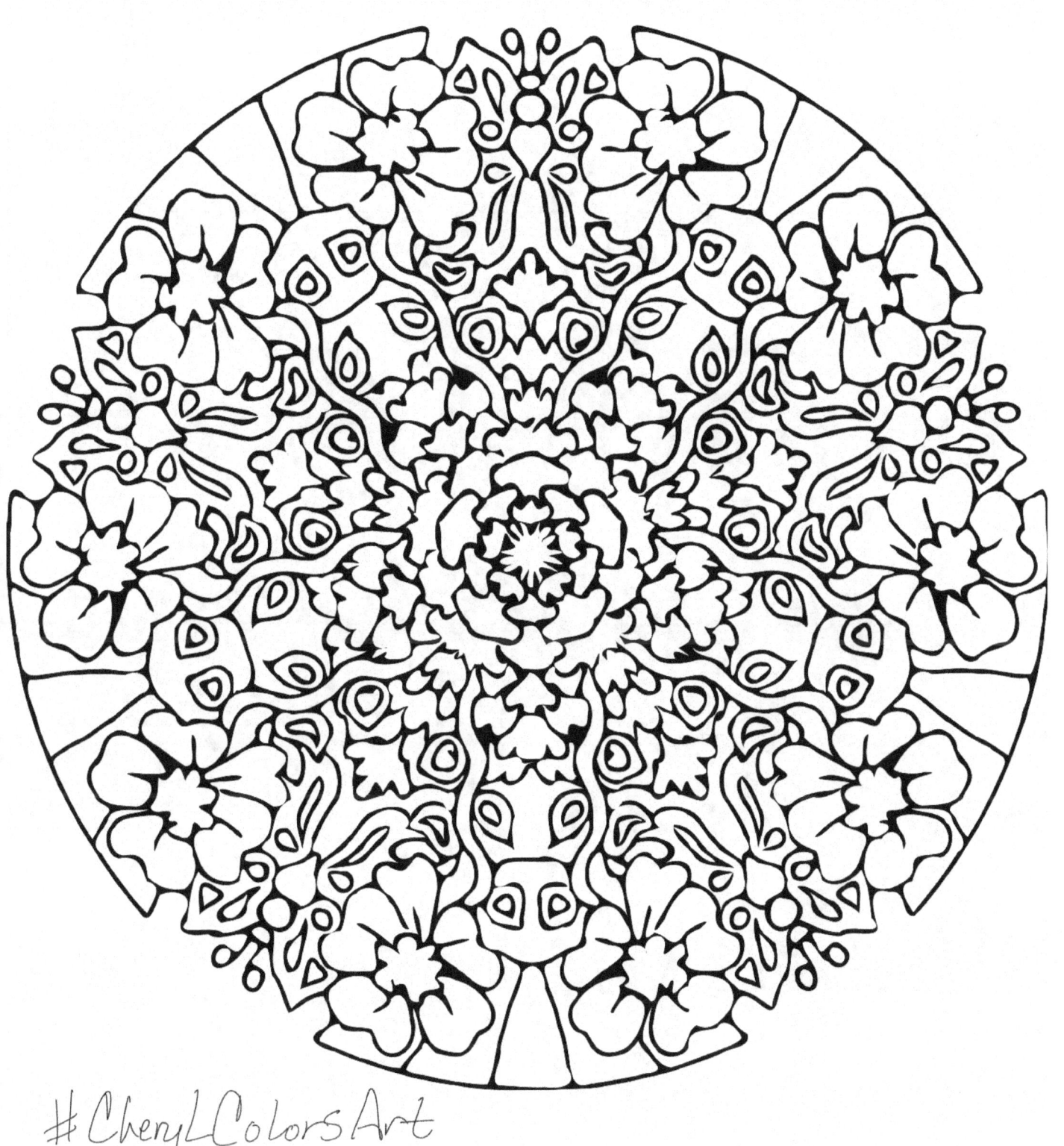

#CherylColorsArt

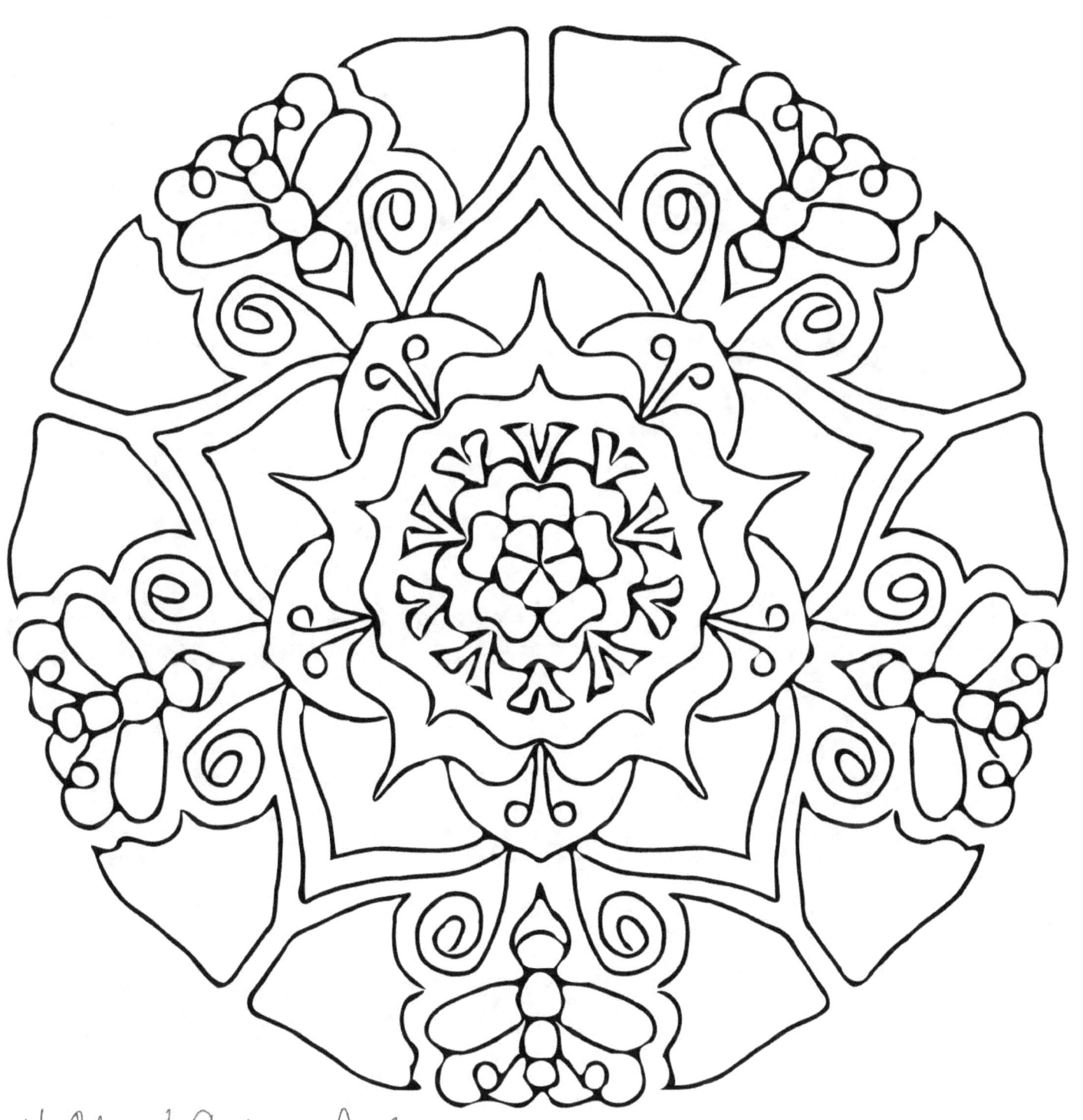

#CherylColorsArt

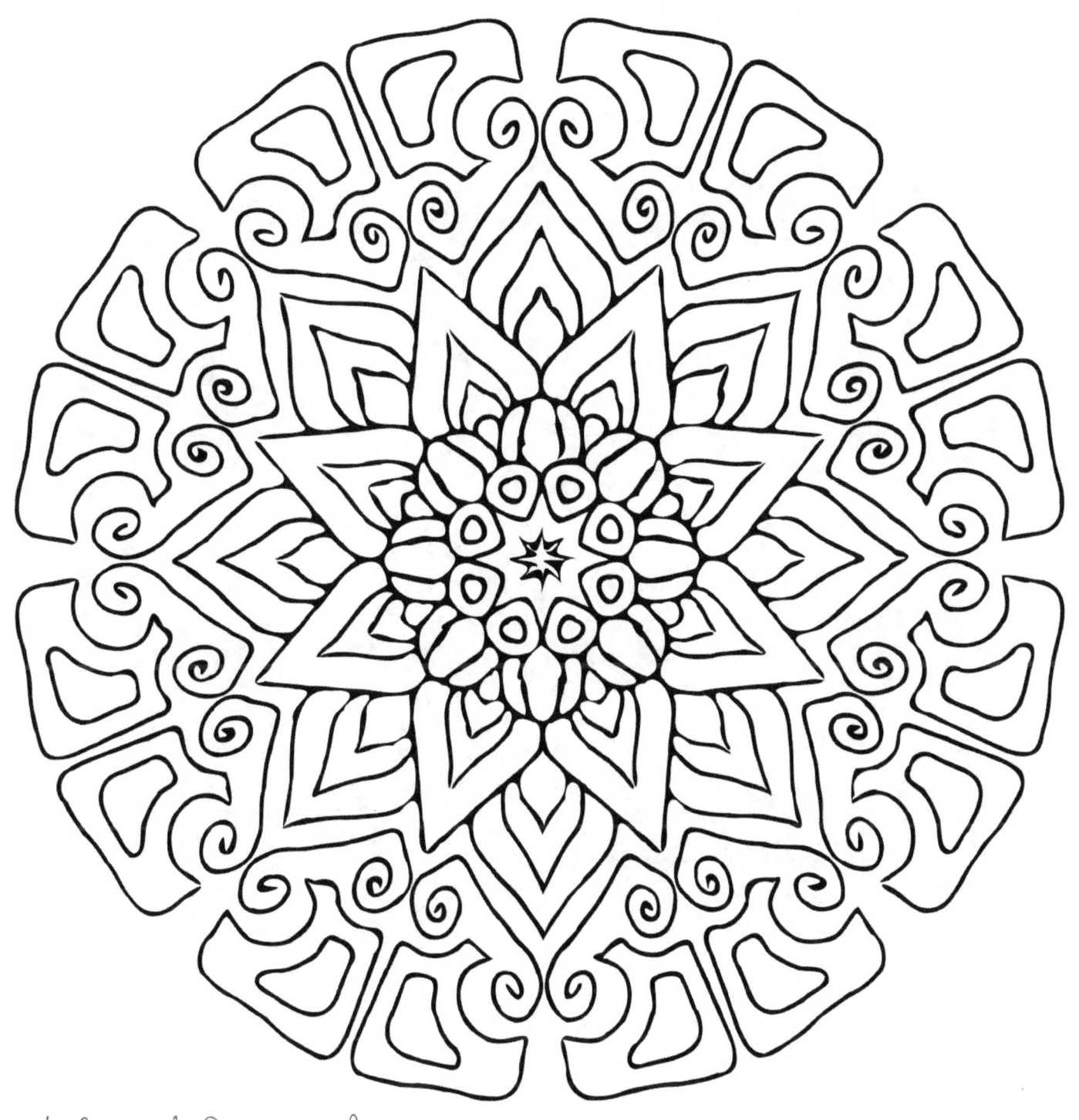

#CherylColorsArt

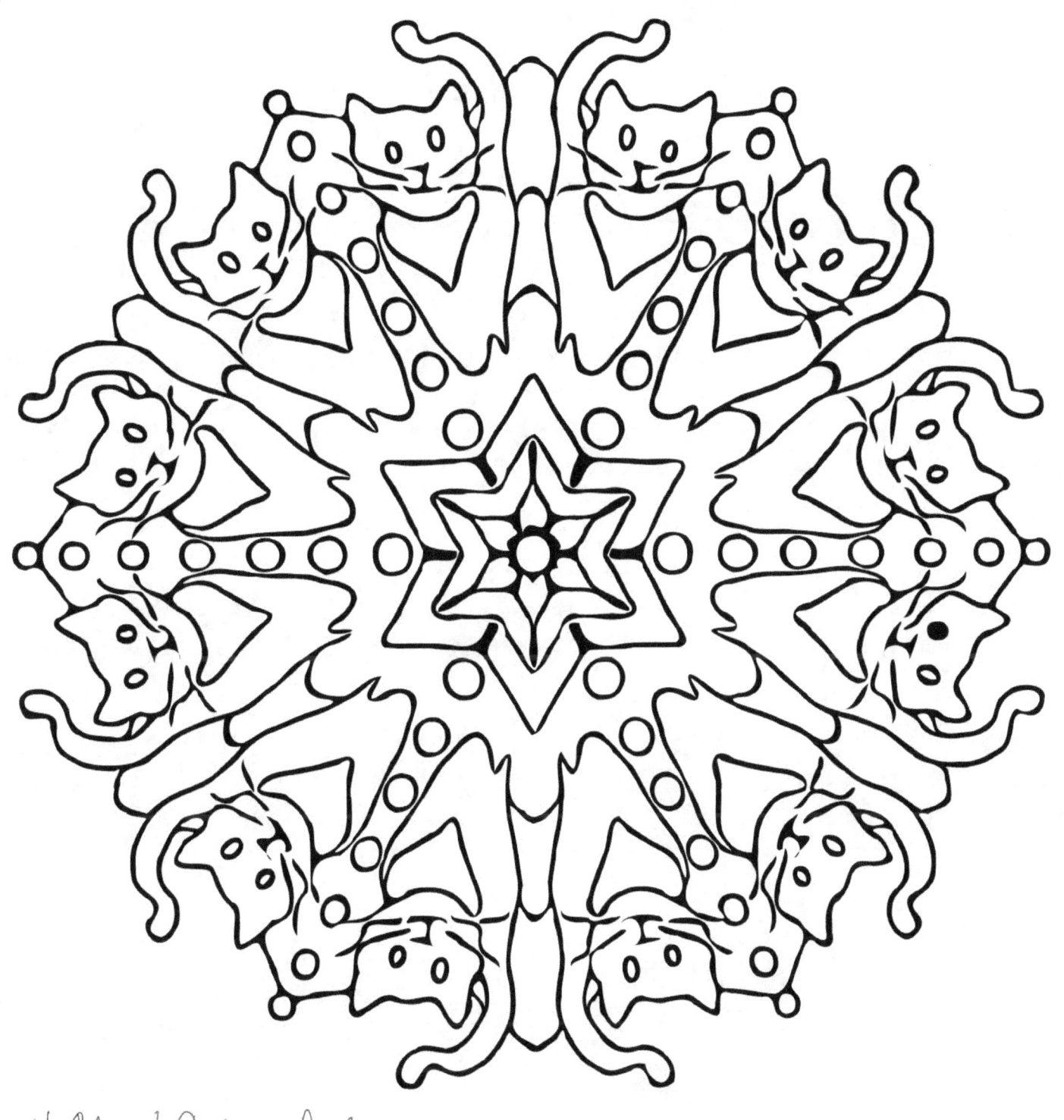

#CherylColorsArt

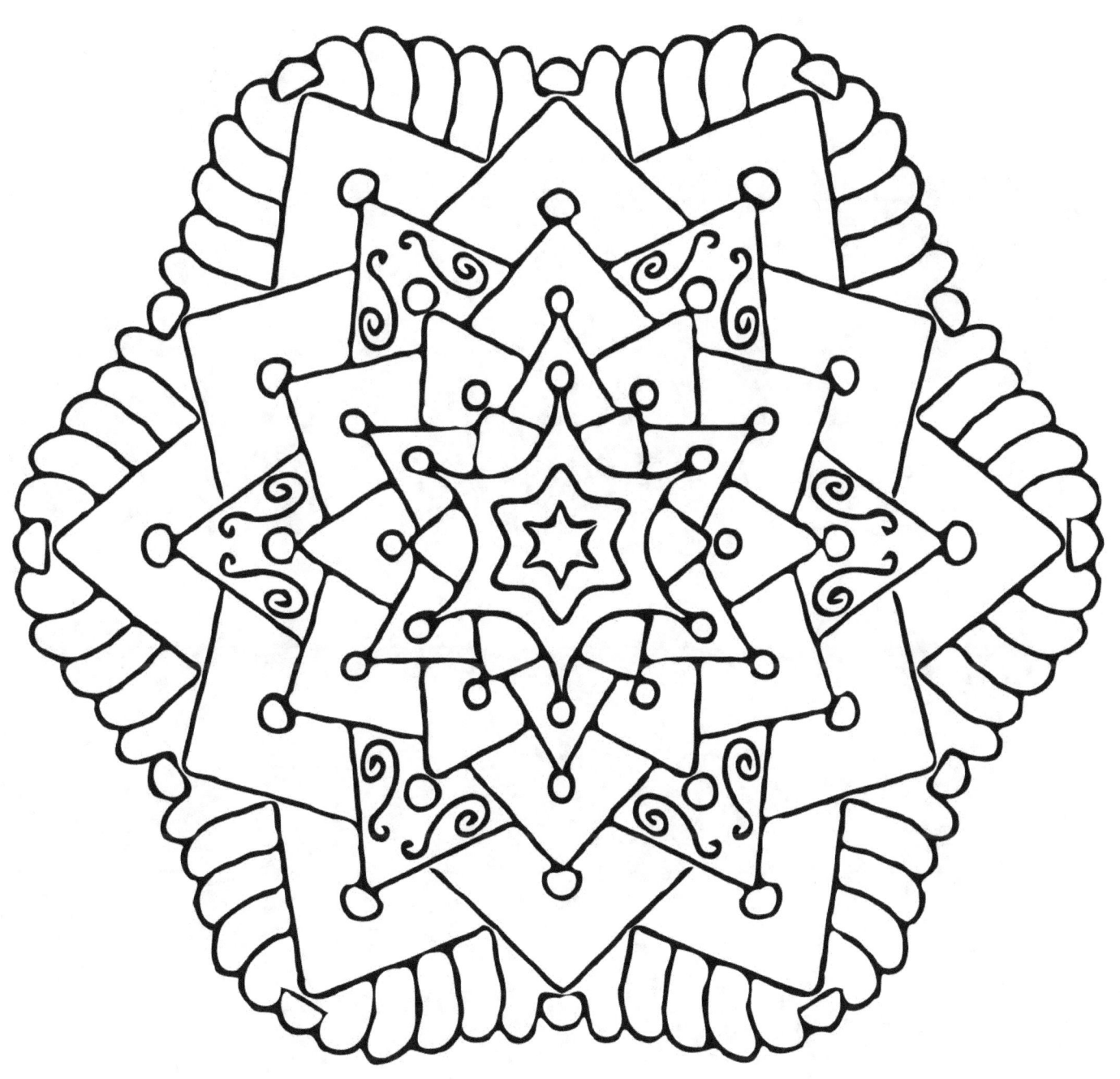

#CherylColorsArt

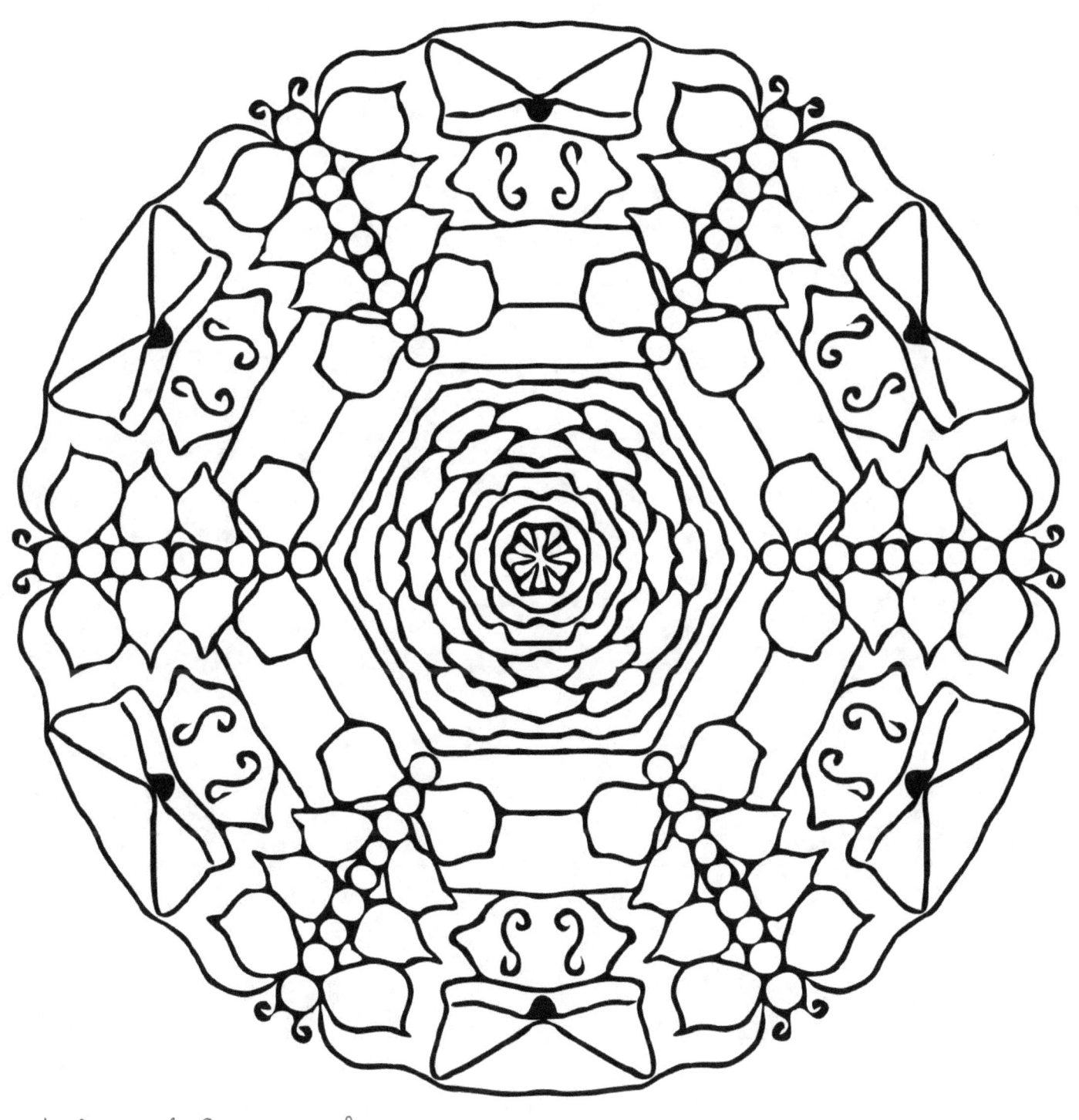

#CherylColorsArt

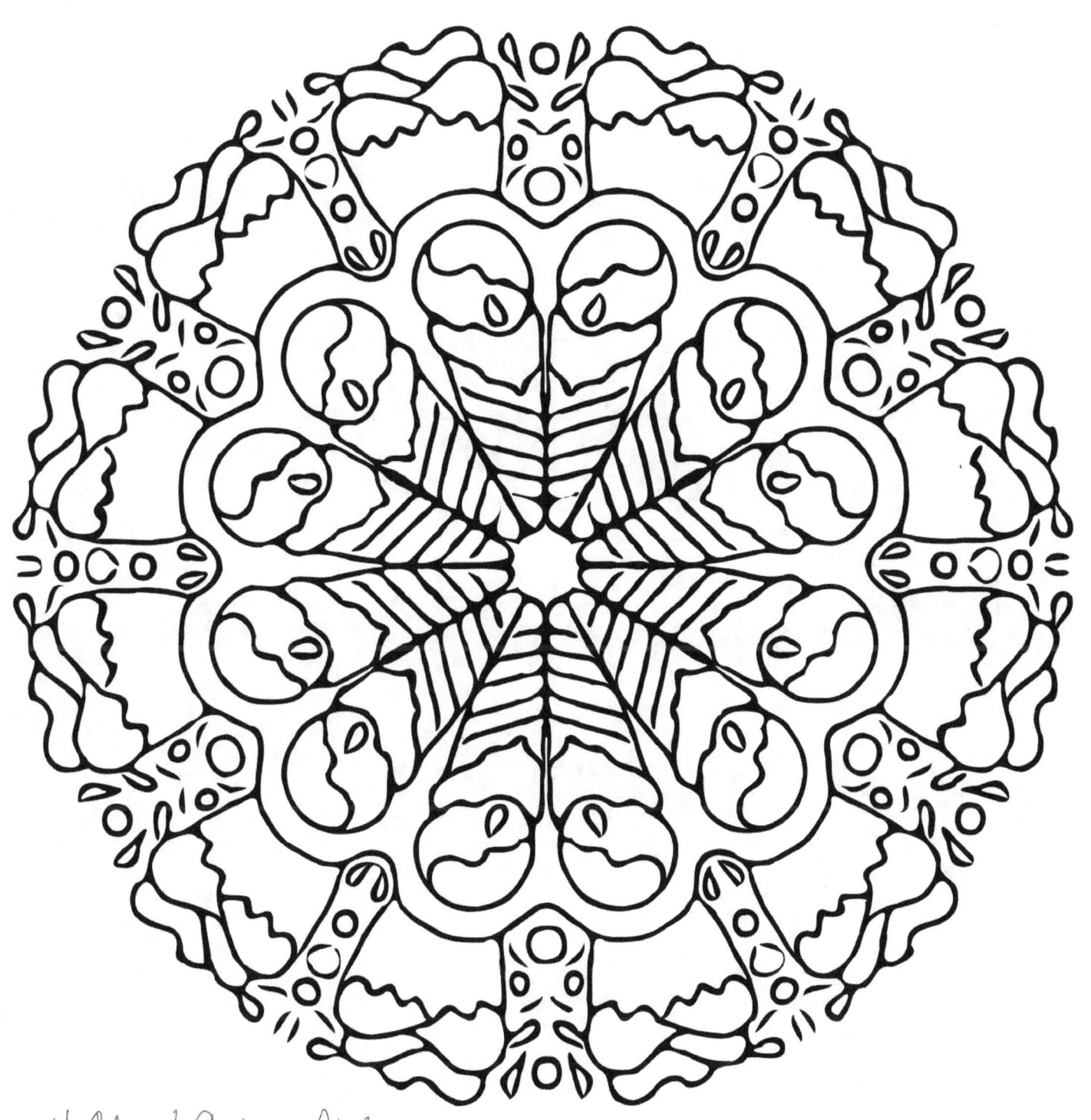

#CherylColorsArt

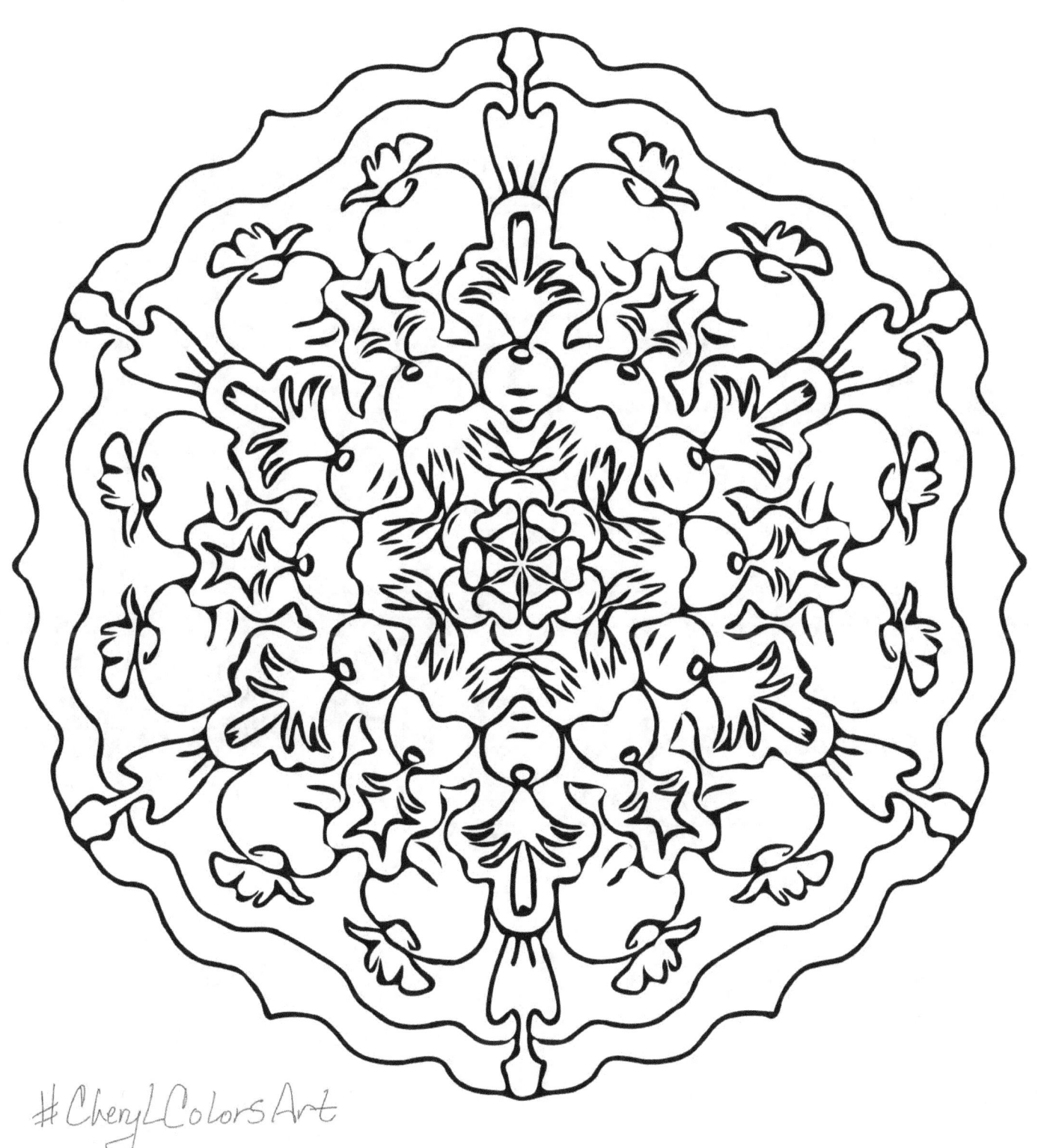

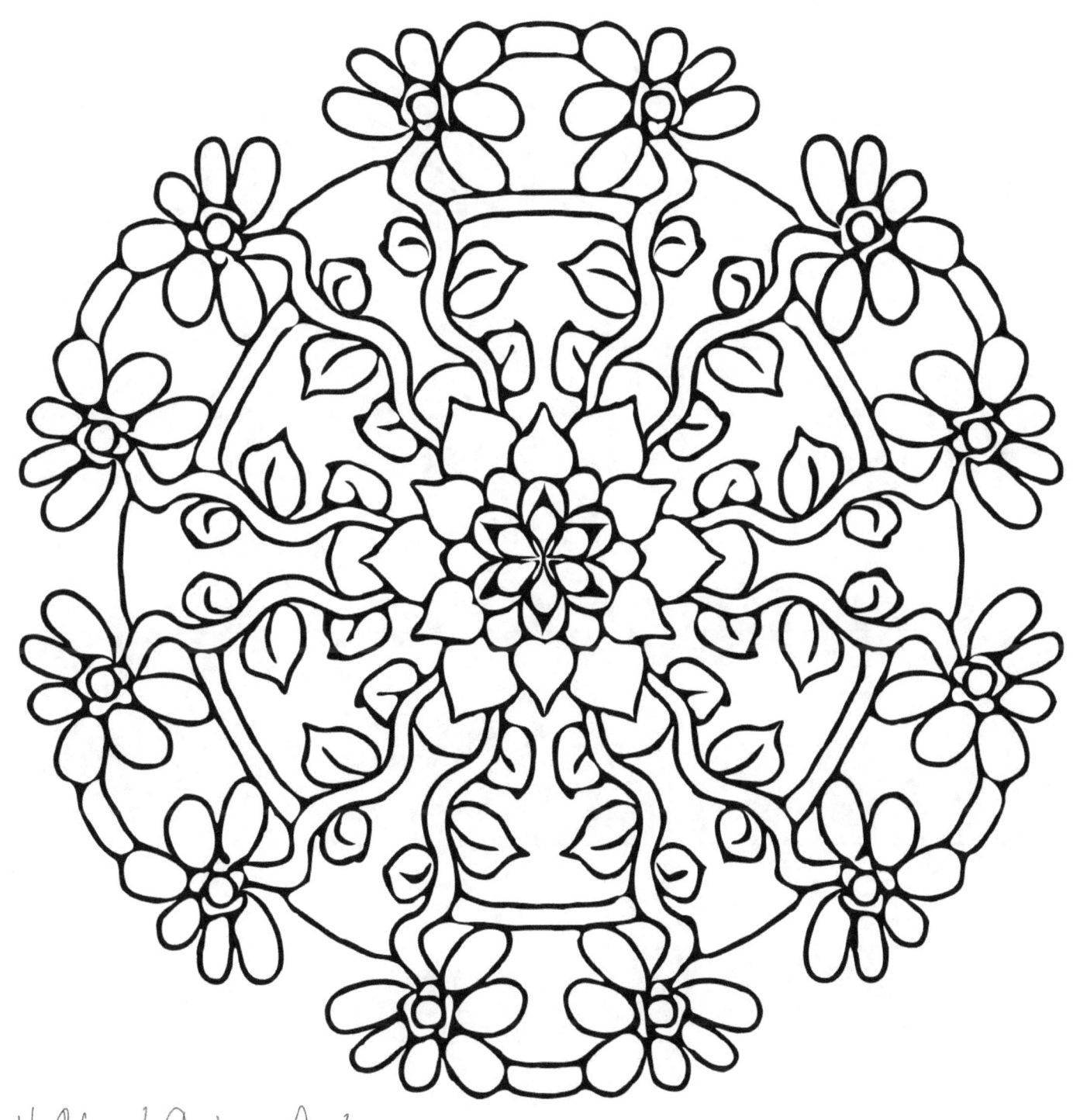

#CherylColorsArt

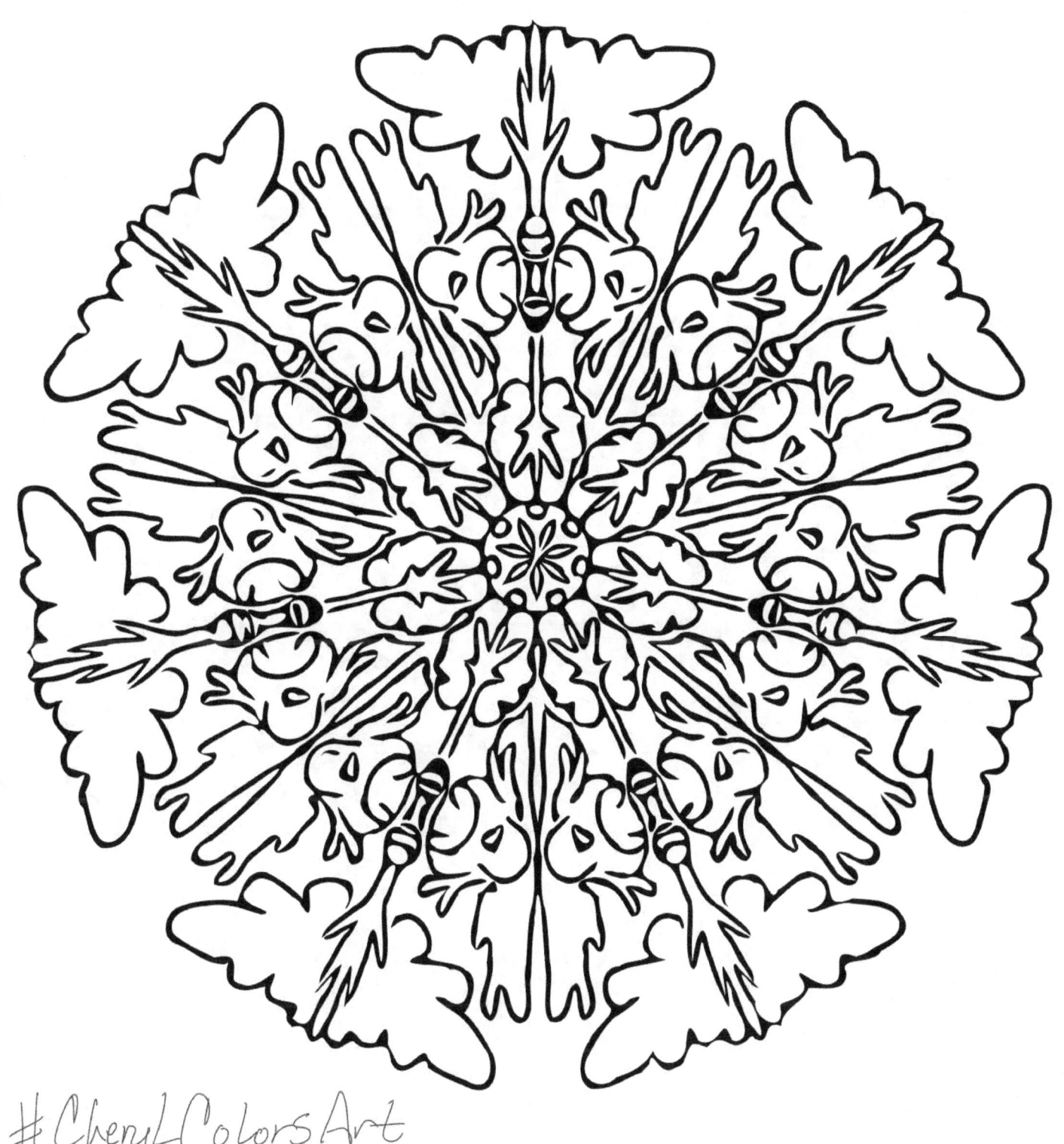

#CherylColorsArt

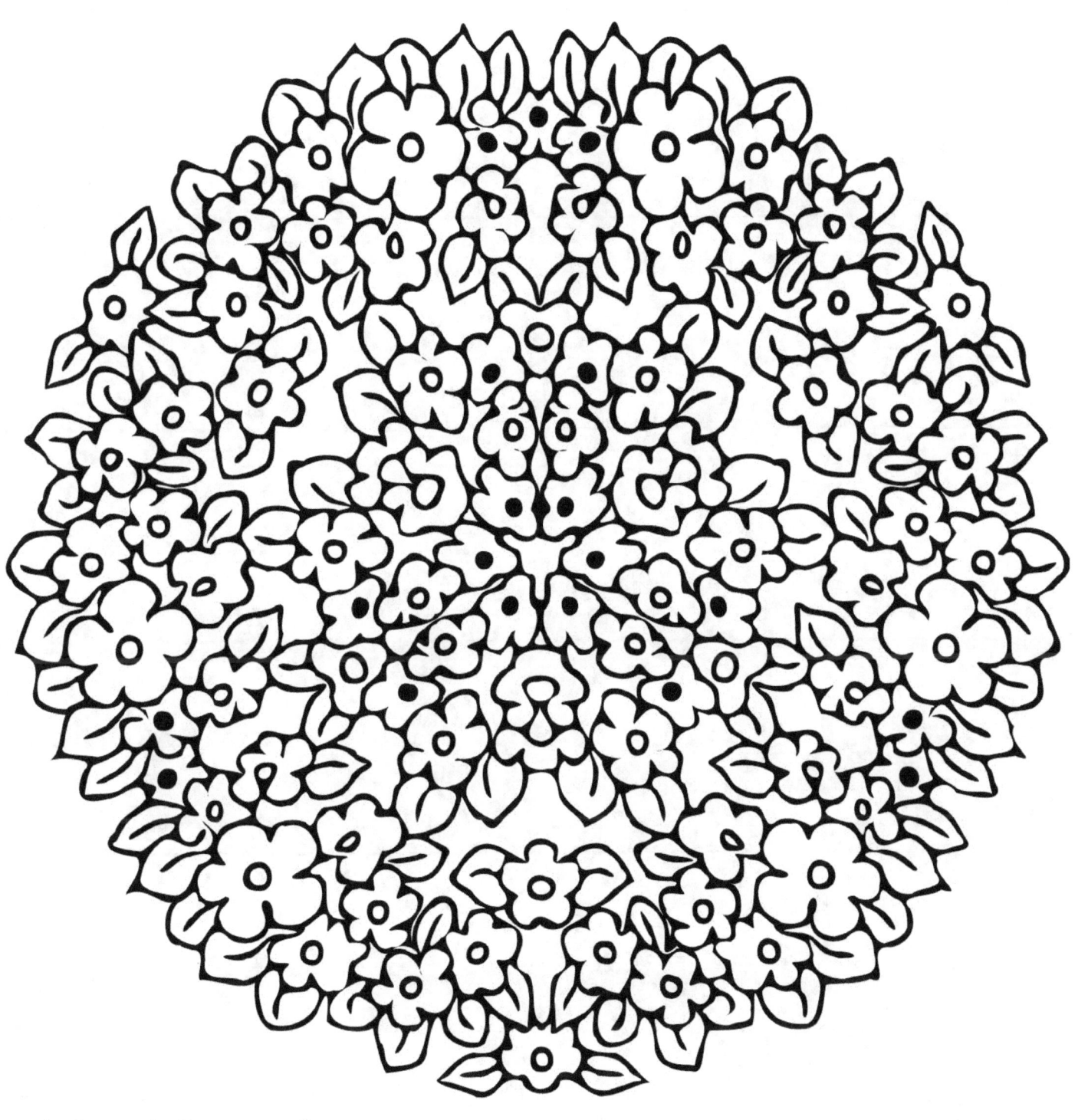

#CherylColorsArt

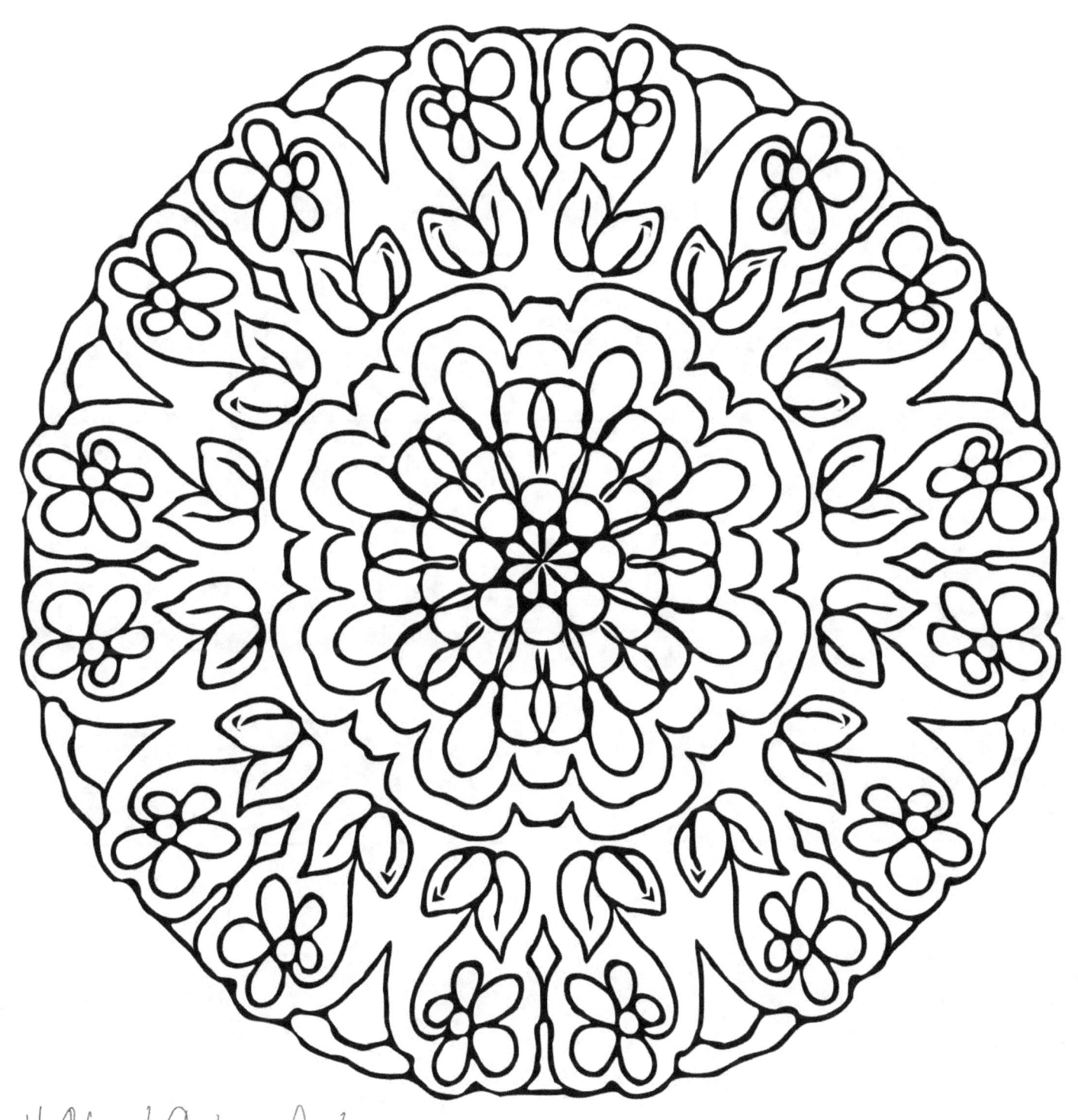

#CherylColorsArt

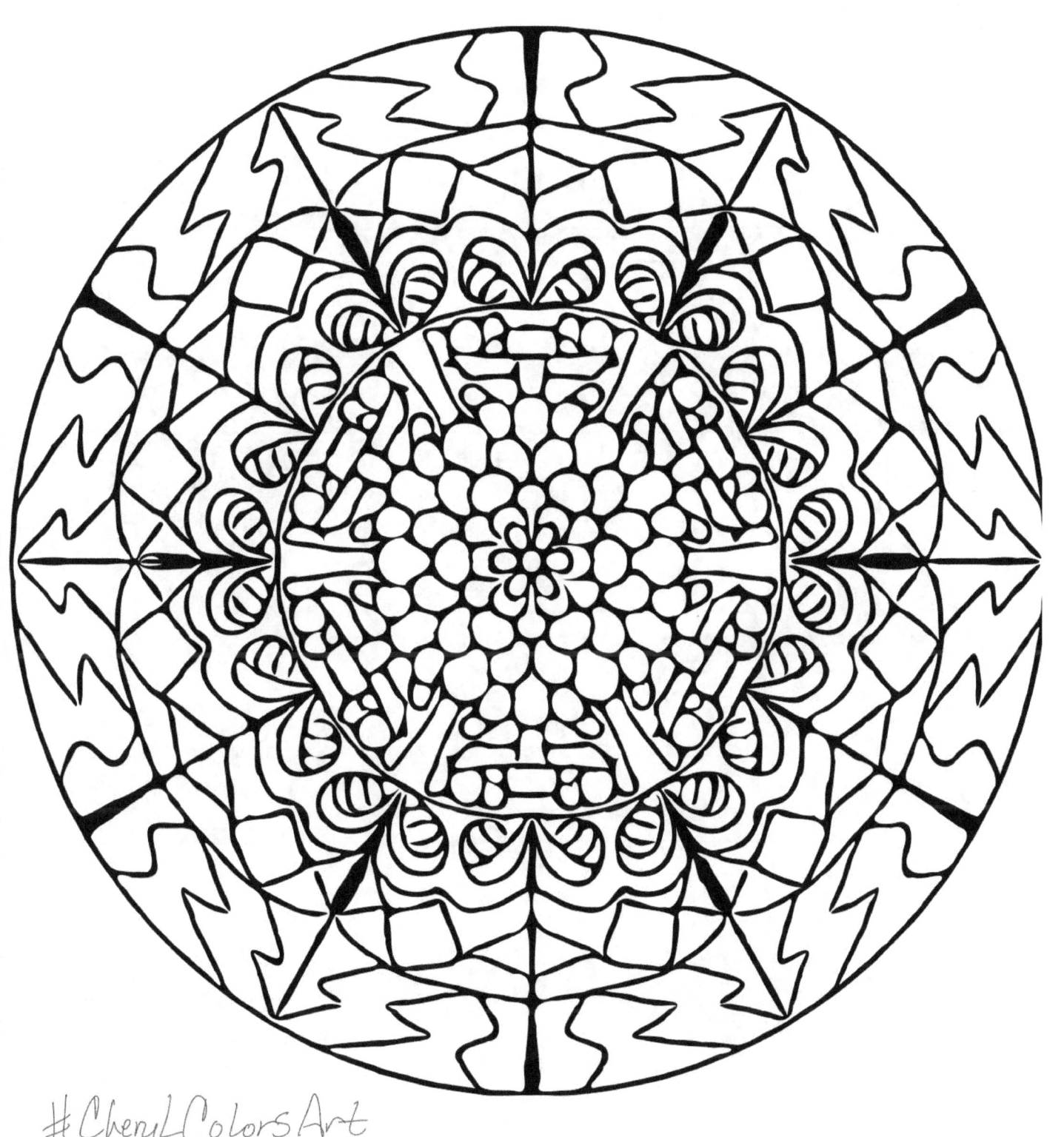

#CherylColorsArt

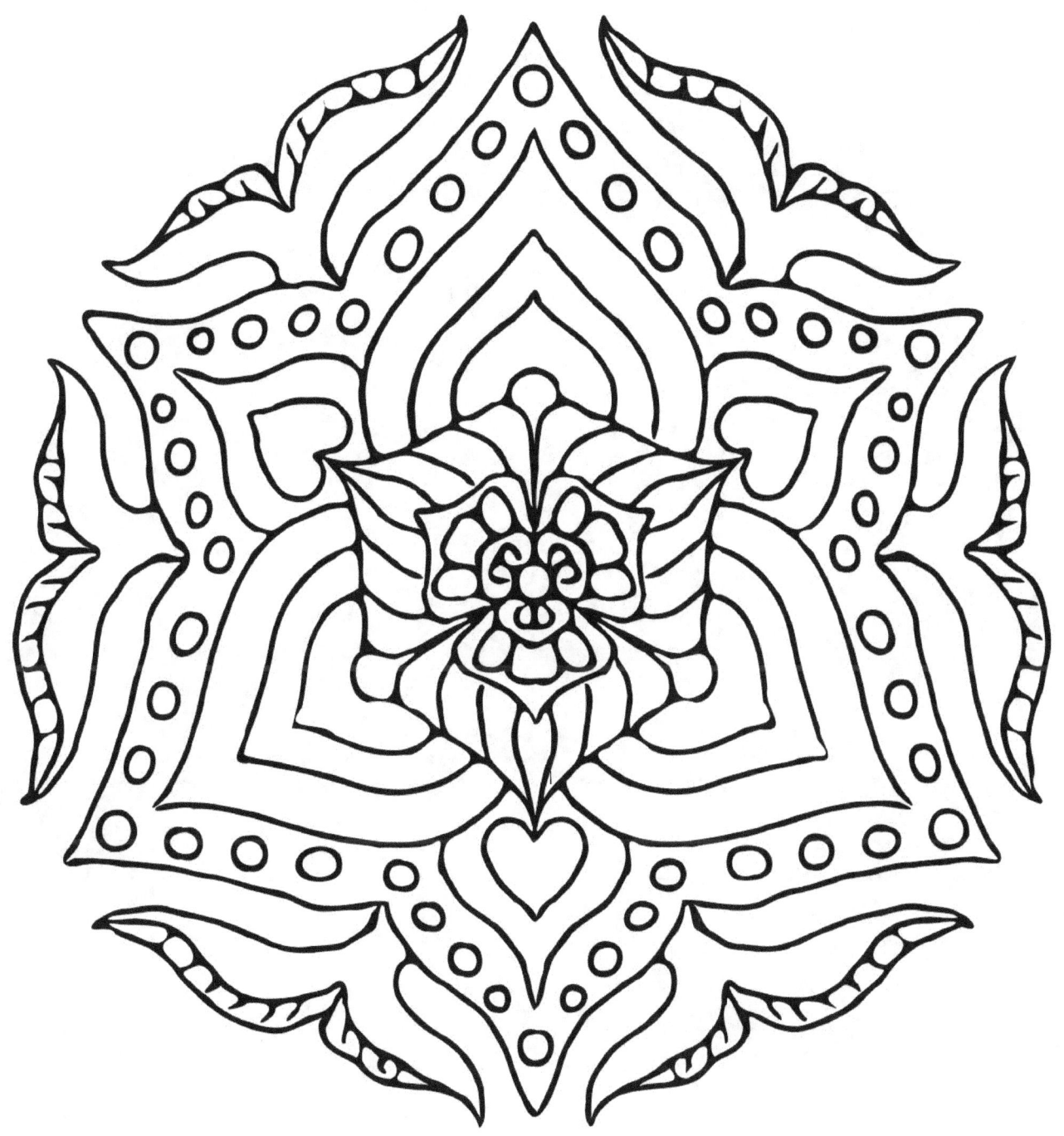

#CherylColorsArt

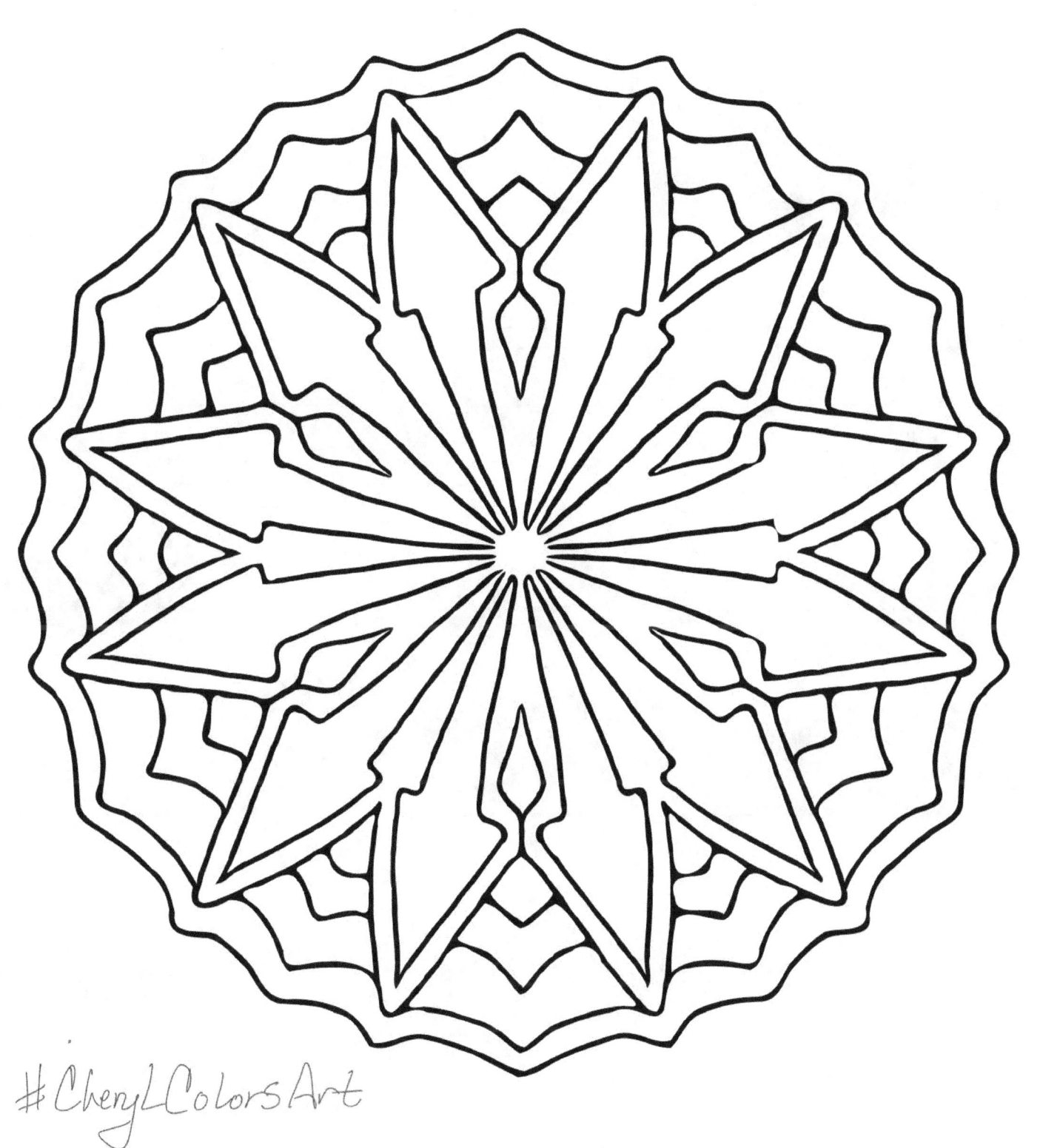

#CherylColorsArt

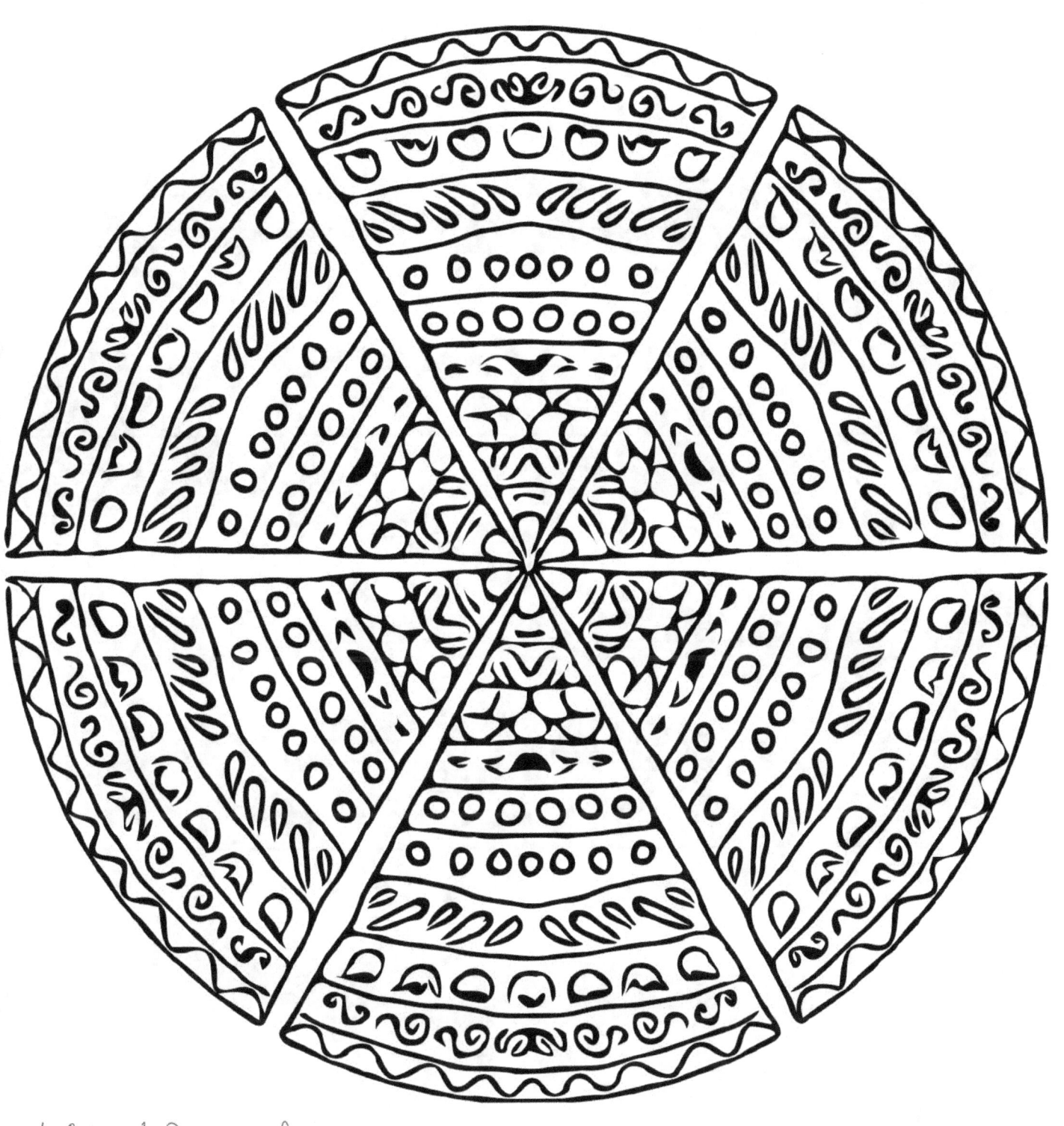

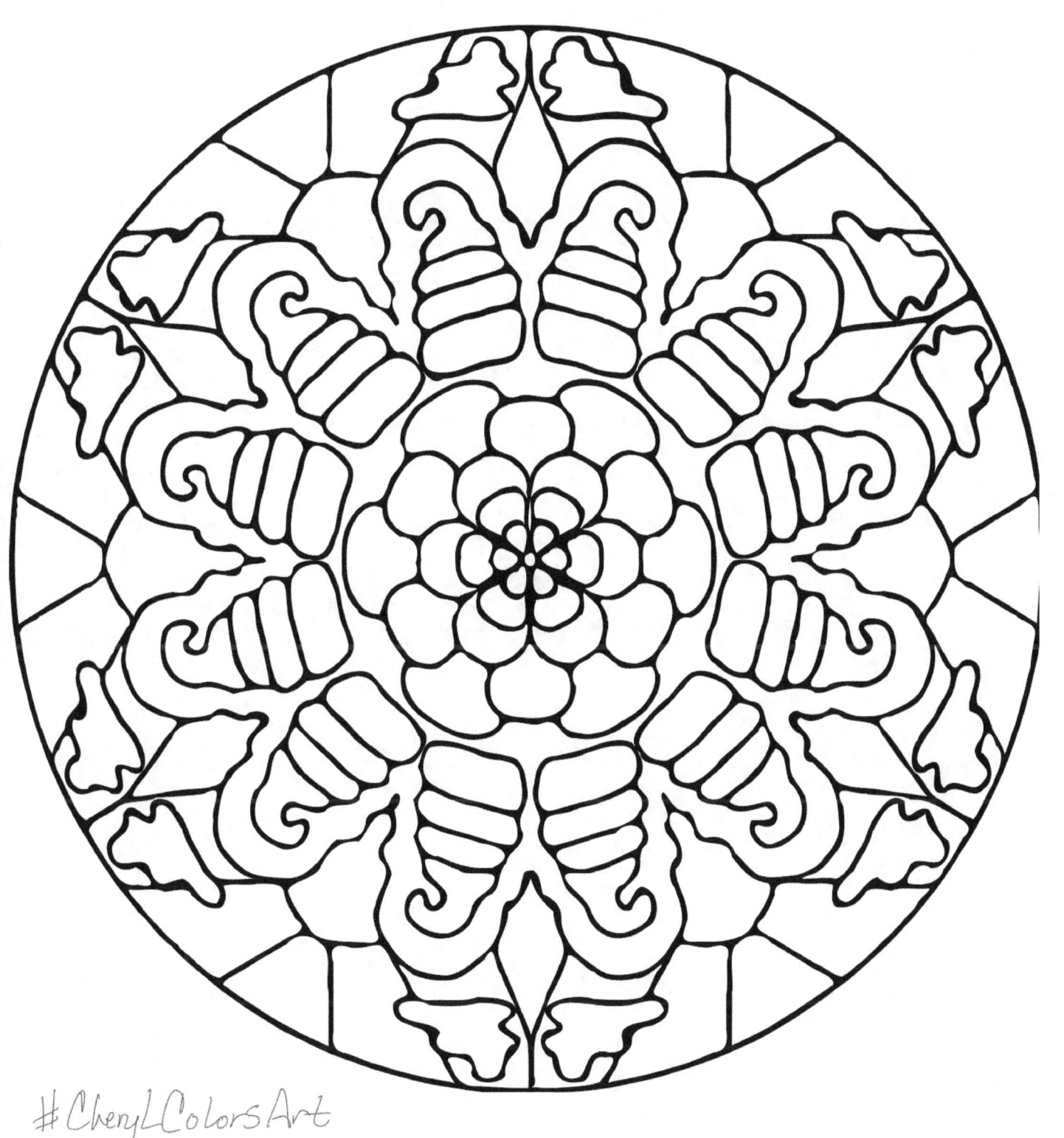

#CherylColorsArt

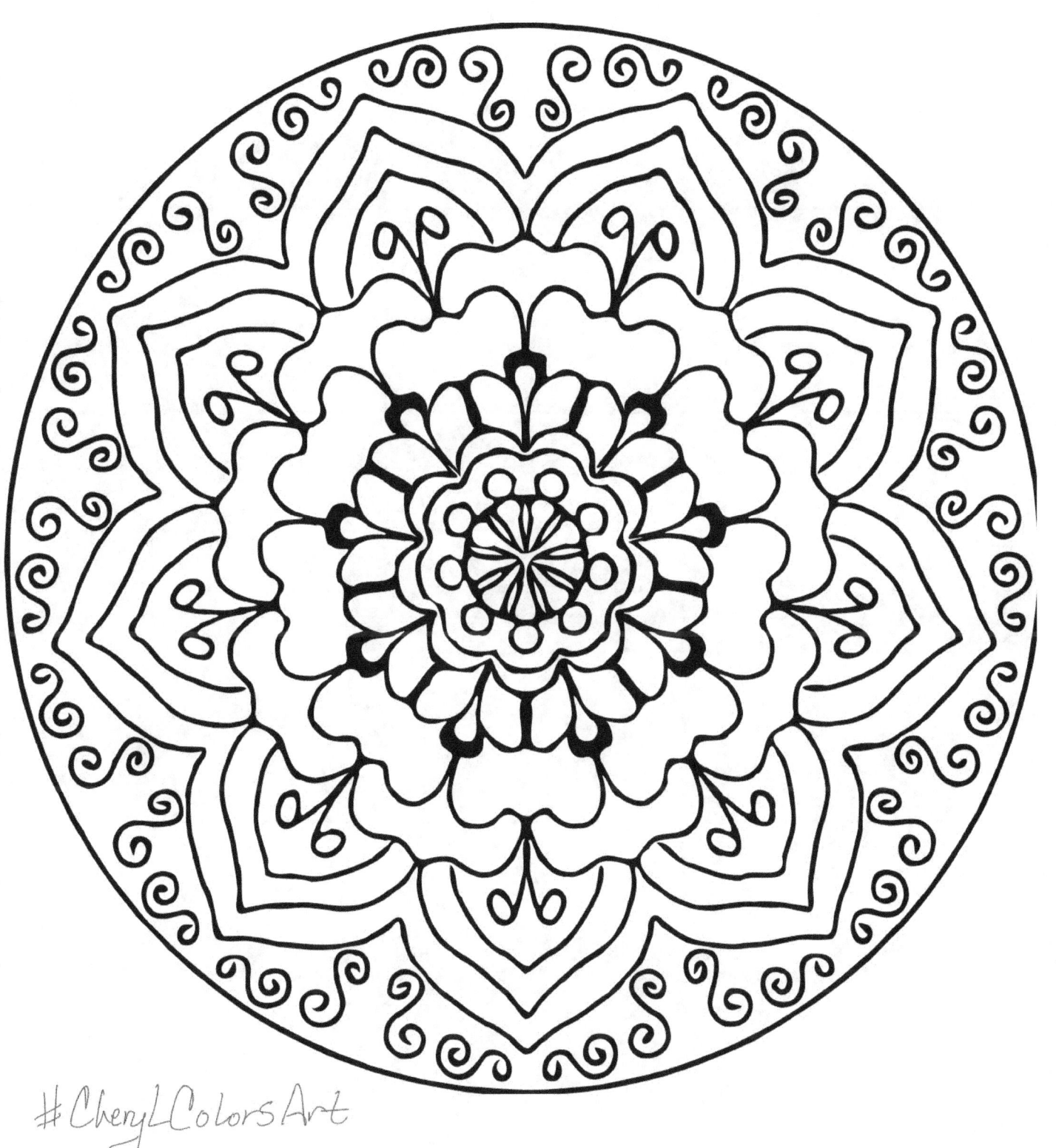

#CherylColorsArt

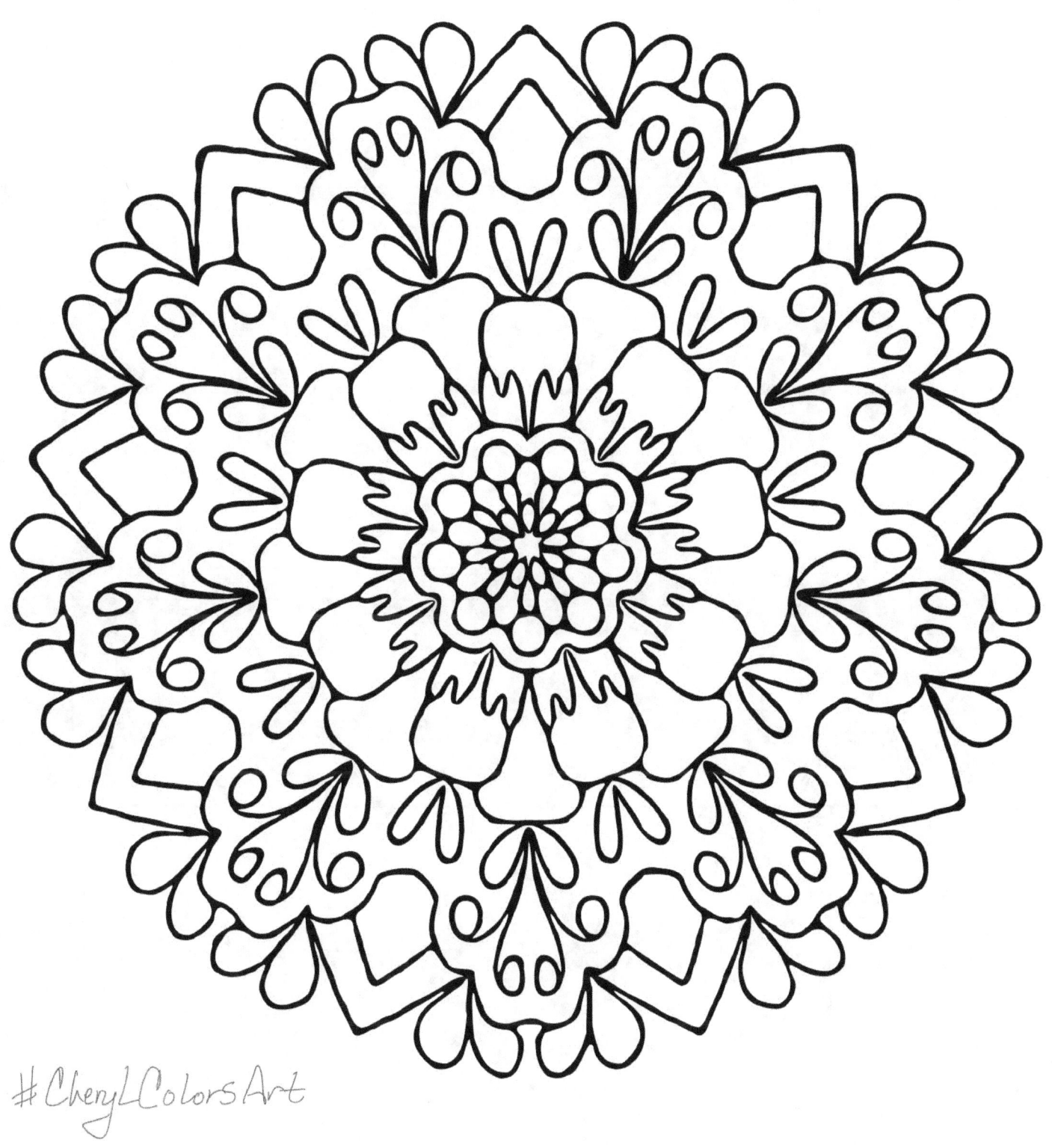

#CherylColorsArt

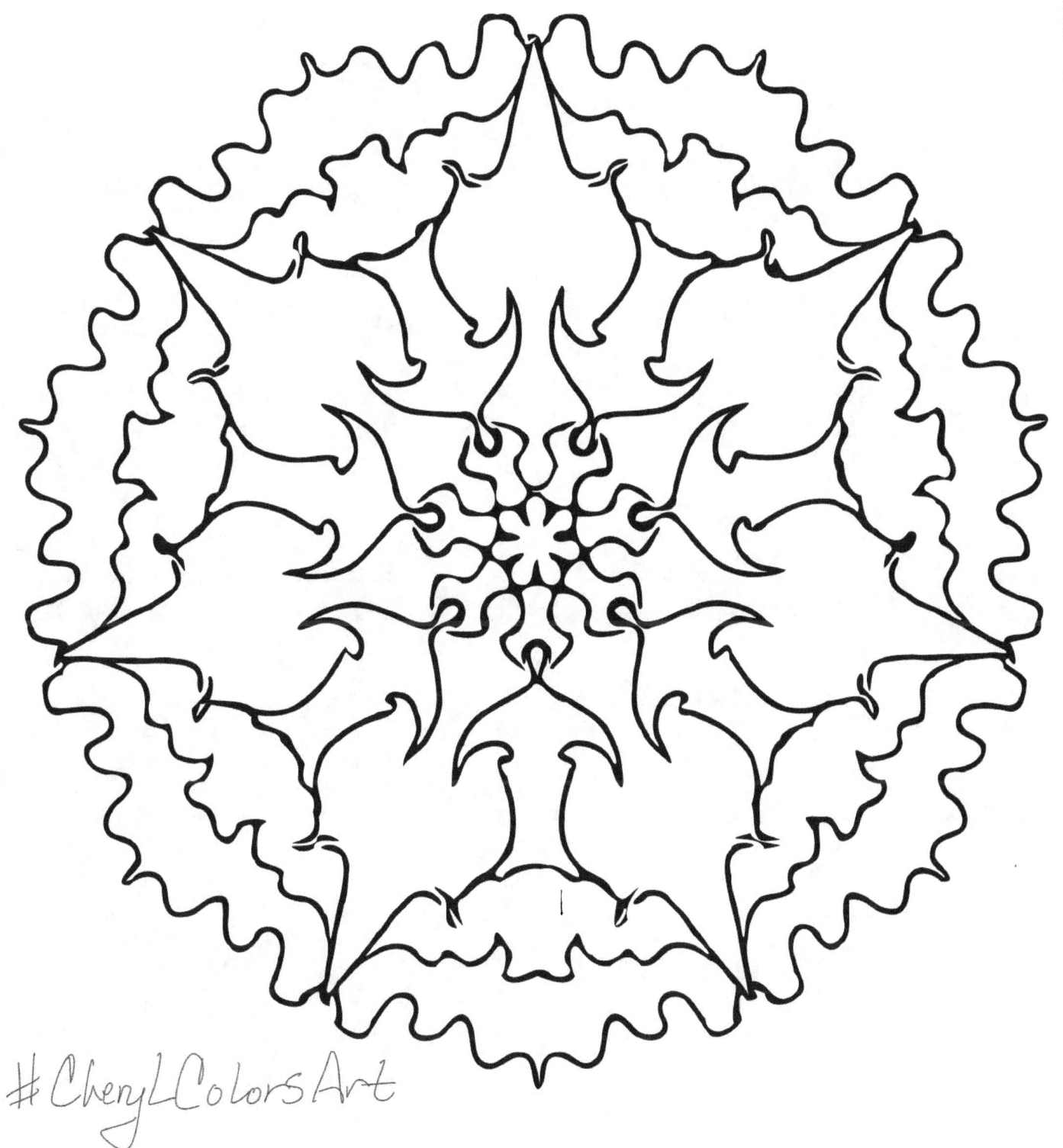

#CherylColorsArt

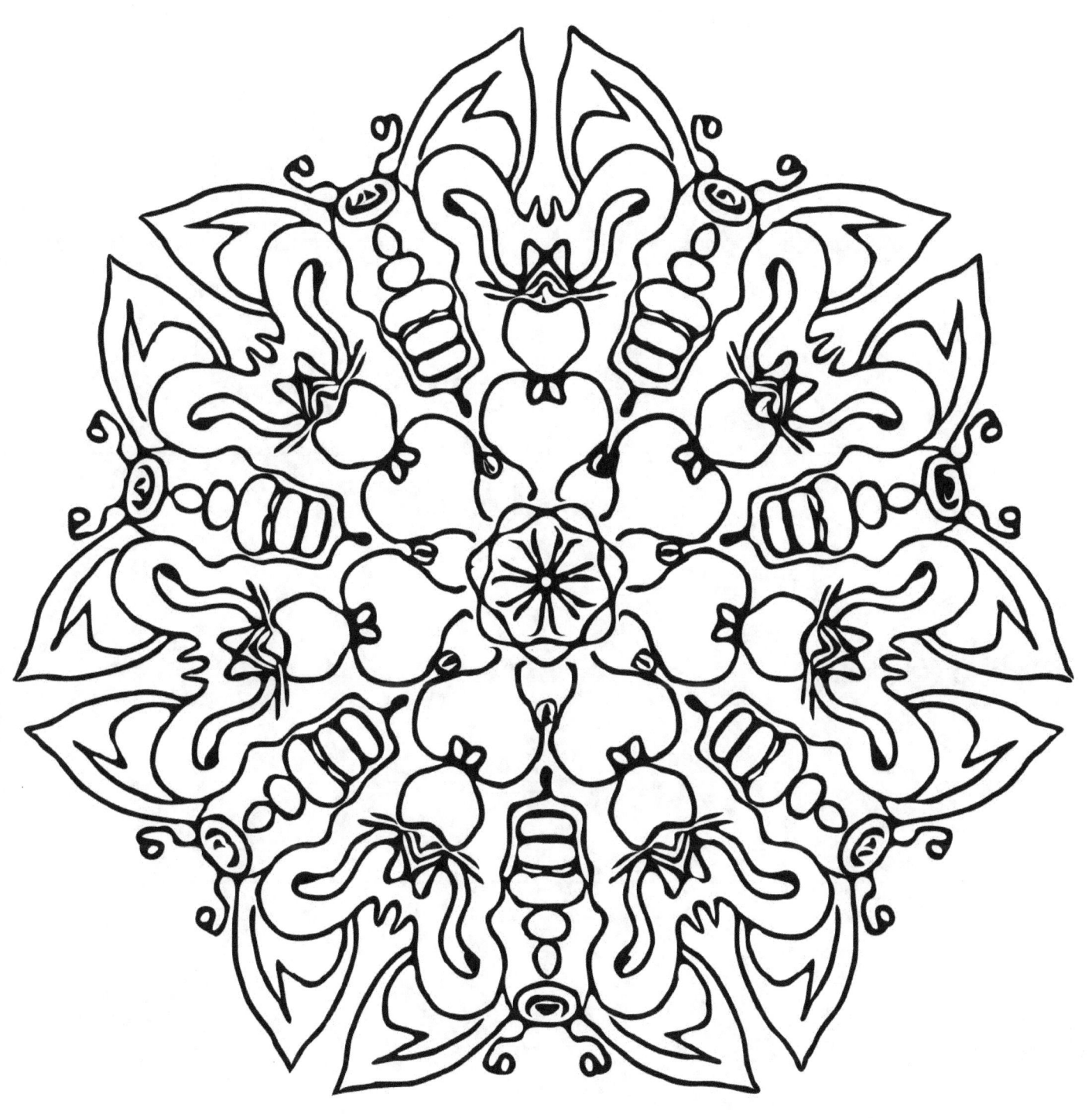

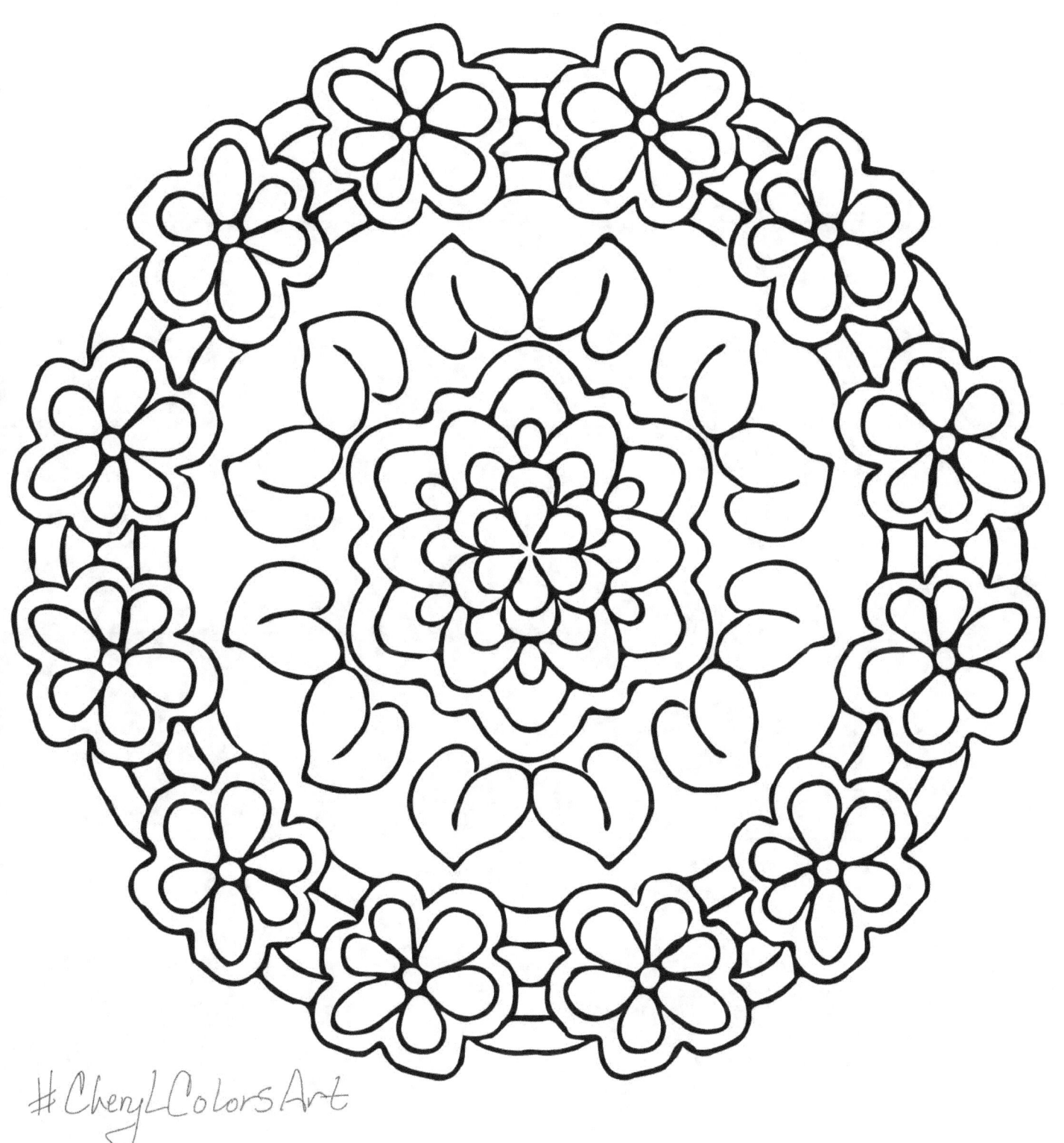

#CherylColorsArt